EDUCAÇÃO FINANCEIRA PARA UNIVERSITÁRIOS

MURILO CARNEIRO

EDUCAÇÃO FINANCEIRA PARA UNIVERSITÁRIOS

São Paulo
Editora dos Editores Eireli
2019

©2019 TODOS OS DIREITOS RESERVADOS À EDITORA DOS EDITORES LTDA.

Produção editorial e capa: *Valor Editorial - Serviços Editoriais*

Dados Internacionais de Catalogação na Publicação (CIP)
Angélica Ilacqua CRB-8/7057

Carneiro, Murilo
   Educação financeira para universitários / Murilo Carneiro. -- São Paulo : Editora dos Editores, 2019.
   124 p. : il.

Bibliografia
ISBN 978-85-85162-12-2

1. Administração financeira 2. Finanças 3. Administração I. Título

19-0344   CDU 658.15

Índices para catálogo sistemático:

1. Administração financeira 658.15

RESERVADOS TODOS OS DIREITOS DE CONTEÚDO DESTA PRODUÇÃO.
NENHUMA PARTE DESTA OBRA PODERÁ SER REPRODUZIDA ATRAVÉS DE QUALQUER MÉTODO, NEM SER DISTRIBUÍDA E/OU ARMAZENADA EM SEU TODO OU EM PARTES POR MEIOS ELETRÔNICOS SEM PERMISSÃO EXPRESSA DA EDITORA DOS EDITORES LTDA, DE ACORDO COM A LEI Nº 9610, DE 19/02/1998.

Este livro foi criteriosamente selecionado e aprovado por um Editor científico da área em que se inclui. A *Editora dos Editores* assume o compromisso de delegar a decisão da publicação de seus livros a professores e formadores de opinião com notório saber em suas respectivas áreas de atuação profissional e acadêmica, sem a interferência de seus controladores e gestores, cujo objetivo é lhe entregar o melhor conteúdo para sua formação e atualização profissional.

Desejamos-lhe uma boa leitura!

EDITORA DOS EDITORES
Rua Marquês de Itu, 408 – sala 104 – São Paulo/SP
CEP 01223-400
Rua Visconde de Pirajá, 547 – sala 1.121 – Rio de Janeiro/RJ
CEP 22410-900

+55 11 2538-3117
contato@editoradoseditores.com.br
www.editoradoseditores.com.br

MURILO CARNEIRO

Graduado em Administração. Especialista em Análise Financeira. Mestre em Administração pelo Centro Universitário Moura Lacerda (CUML). Mestre em Administração de Organizações pela Faculdade de Economia, Administração e Contabilidade da Universidade de São Paulo – Ribeirão Preto (FEA-RP/USP).

Consultor empresarial na área de finanças e colunista da revista *Revide on-line*. Professor dos cursos de Graduação em Administração e de Pós-Graduação em Controladoria e Finanças do CUML. Palestrante nas áreas de Orçamento Empresarial e Orçamento Familiar.

Atuou na área gerencial das seguintes empresas: Banco Nacional, Unibanco, Cervejaria Antarctica Niger, Souza Cruz e Central Energética Moreno.

Ex-presidente da ONG Crescer-Crédito Solidário.

Autor dos livros: *Orçamento Familiar: felicidade e dinheiro podem ser da mesma família*; *Planejamento Tributário para Pessoas Físicas*; *Orçamento Empresarial: teoria, prática e novas técnicas*; *Administração de Organizações: teoria e lições práticas*; e *Educação Financeira para Universitários*.

Currículo lattes

DEDICATÓRIA

Sempre ouvimos dizer que o desenvolvimento de um país está diretamente ligado à educação. Portanto, dedico esta obra a todos os universitários, jovens que terão contato com uma determinada ciência e adquirirão uma profissão. É importante que se tornem profissionais capacitados e éticos para que, além de gerirem com eficácia a sua vida financeira, possam contribuir efetivamente, por meio do exercício de suas atividades profissionais, para o desenvolvimento do nosso país.

PREFÁCIO

Assim como as empresas, as pessoas também devem fazer seu planejamento e controle financeiro. Do contrário, as despesas poderão se tornar maiores que a renda, passando a ser financiadas por meio do endividamento com organizações que atuam no mercado financeiro. No médio prazo, um endividamento alto pode fazer com que as pessoas se tornem inadimplentes, ocasionando, dentre outros transtornos, a inclusão de seus nomes nos cadastros de instituições de proteção ao crédito, como, por exemplo, a Serasa Experian e o Serviço de Proteção ao Crédito (SPC).

Atualmente, desde uma simples lojinha até as maiores e mais modernas empresas consultam as informações fornecidas pelas instituições de proteção ao crédito antes de fechar negócios onde o pagamento não seja feito à vista. Portanto, caso a pessoa apresente restrições cadastrais, as chances de obter crédito são praticamente nulas, ou seja, ela não conseguirá um financiamento imobiliário, a compra de um eletrodoméstico por meio de crediário, a liberação de cheque especial ou cartão de crédito.

Diante de tal realidade, para que sejam mais eficazes, ou seja, consigam alcançar seus objetivos financeiros, as pessoas devem cuidar de suas finanças com o devido profissionalismo, como se fossem uma empresa. Não é por acaso que uma conhecida revista, publicada pela Editora Abril, que trata de temas ligados à gestão da vida pessoal e profissional, tem o nome sugestivo de *Você S/A*.

Nas últimas décadas, o tema educação financeira tem recebido mais destaque no cenário internacional e nacional, pois é uma premissa para que as pessoas possam buscar qualidade de vida, conforto e crescimento de patrimônio sustentável e equilibrado. Pode-se definir educação financeira como o processo mediante o qual as pessoas melhoram sua compreensão referente aos conceitos e produtos financeiros; tendo por propósito auxiliá-las na administração dos seus rendimentos e tomada de decisões relacionadas ao consumo consciente, orientando-as sobre os serviços ofertados pelo mercado financeiro, como financiamentos, empréstimos e investimentos.

Acredita-se que, caso as crianças e adolescentes tivessem algum tipo de educação financeira, ao chegar a sua fase adulta, não teriam muitos problemas em realizar um planejamento financeiro eficiente. Além disso, tal planejamento permitiria o controle de suas despesas cotidianas e a definição de prioridades para fazer investimentos e adquirir bens de consumo. Porém, infelizmente, poucas são as instituições de ensino fundamental e médio que se preocupam com isso. Diante de tal realidade, pode-se constatar que o Brasil possui uma quantidade enorme de jovens, financeiramente falando, mal-educados.

Para que a educação financeira seja colocada em prática são necessários: informação, formação e orientação clara. Foi dessa constatação que surgiu a ideia de escrever este livro. Uma obra que tem como ambição fornecer informações financeiras, de forma simples e objetiva, aos universitários. Independentemente do curso que esteja fazendo, é imprescindível que o universitário possua conhecimentos sobre finanças pessoais, para que possa gerir com eficácia sua vida financeira.

Logicamente, o perfil do universitário é muito heterogêneo, pois há também aqueles, com uma idade um pouco maior, que voltaram a estudar com o objetivo de alavancar sua carreira. Porém, trataremos aqui o jovem universitário que está entrando na vida adulta. Em sua maioria, o universitário é um indivíduo, entre 18 e 25 anos, que ainda não trabalha ou que ingressou no mercado de trabalho há pouco tempo. Os principais objetivos deste livro são informar, formar e orientar esse perfil de universitário, para que inicie sua vida acadêmica e profissional com organização financeira.

Para abordar os principais temas inerentes ao processo de educação financeira para universitários, o livro foi dividido em quatro capítulos. No primeiro, são apresentadas as características de três importantes conceitos que se inter-relacionam: educação financeira, economia doméstica e finanças pessoais.

O segundo capítulo aborda o orçamento pessoal, um instrumento (um meio), pertencente à ciência das finanças pessoais, que visa fazer com que as pessoas façam a gestão dos seus recursos financeiros de modo mais eficaz, ou seja, fazendo com que alcancem seus objetivos econômico-financeiros.

As estratégias financeiras que podem ser adotadas pelos jovens universitários para aumentar suas receitas e reduzir suas despesas, assim como a importância da organização e disciplina para se colocar em prática o orçamento pessoal, são temas abordados no terceiro capítulo.

No último capítulo, são apresentados conceitos associados à gestão do relacionamento entre os universitários e o mercado financeiro, abordando, em um primeiro momento, o papel das instituições financeiras bancárias no processo de implantação do orçamento pessoal. Na sequência, dá-se ênfase aos principais tipos de empréstimos e financiamentos que podem ser utilizados: cheque especial, cartão de crédito, crédito direto ao consumidor, empréstimo consignado, refinanciamento e crédito imobiliário. No final, são apresentados os principais meios que podem ser utilizados para se investir recursos financeiros excedentes, tanto via instituições financeiras bancárias quanto via mercado de capitais.

Os conceitos que serão apresentados, tanto teóricos quanto práticos, são de fácil entendimento e aplicação na vida financeira dos universitários, independentemente do nível socioeconômico que ocupem ou do curso superior que estejam fazendo. Visando o aperfeiçoamento da obra, solicita-se a todos os leitores que enviem críticas e sugestões, as quais serão analisadas e, dependendo da relevância, incorporadas em edições posteriores.

Murilo Carneiro
muca.ml@uol.com.br
http://www.revide.com.br/blog/murilo/

APRESENTAÇÃO

Com grande prazer, recebi do Murilo o convite para elaborar esta apresentação ao livro *Educação Financeira para Universitários*. Meu agradecimento por esse convite.

O Murilo Carneiro foi meu orientado de mestrado, tendo produzido inúmeros artigos científicos, apostilas e livros na área de finanças. É um verdadeiro agente de mudança em finanças. A ele, meus parabéns pela produção de mais esta importante obra.

Durante minha vida acadêmica, e lá se vão cerca de 30 anos, pude observar a deficiência de formação de inúmeros profissionais que se graduavam em escolas públicas e privadas e se distanciaram das necessidades de mercado.

Médicos, Dentistas, Engenheiros, Psicólogos, Biólogos, Analistas de Sistemas, Químicos, Físicos, dentre inúmeros profissionais, saíam de seus bancos escolares preparados para suas habilidades, mas sem conhecimento para estruturação ou gestão administrativa e financeira de seus locais de trabalho.

Vem este livro, nesse sentido, suprir essa lacuna, contribuindo para o aperfeiçoamento da formação de milhares de alunos, tornando-os melhores para seu exercício profissional.

Votos de uma belíssima leitura!

Prof. Dr. Alberto Borges Matias
Professor Titular em Finanças aposentado
Universidade de São Paulo – Campus Ribeirão Preto
Faculdade de Economia, Administração e Contabilidade
Departamento de Administração

SOBRE O LIVRO

SOBRE O LIVRO

Educação Finaceira para Universitários é um livro diferenciado, com características especiais. Escrito pelo professor Murilo Carneiro, este livro contém uma linguagem didática simples, clara e concisa.

Seus capítulos foram pedagogicamente padronizados, com o intuito de facilitar a leitura e a consulta.

Entenda a itemização pedagógica dos capítulos:

RESPONSABILIDADE – destaca pontos em que é preciso assumir determinadas atividades para assegurar seus interesses financeiros.

MULTIPLICADOR – situações em que é possível agir como transmissor de conhecimento e atitudes positivas para outras pessoas.

TOMADA DE DECISÃO – destaque para situações específicas em que opções diferentes podem ser adotadas e é necessário escolher a forma mais vantajosa.

PLANEJAMENTO – orientações sobre organização e estruturação de tarefas e atitudes relacionadas às finanças pessoais.

DICA FINANCEIRA – destaque para oportunidades que podem facilitar o controle financeiro e a maneira de lidar com o dinheiro.

CONCEITO – definição de algum termo relevante para o aprendizado.

SUMÁRIO

1. Introdução *1*

2. Orçamento Pessoal *7*

3. Estratégias Financeiras *27*

4. Gestão do Relacionamento com o Mercado Financeiro *41*

Posfácio *97*

Bibliografia Consultada *99*

Capítulo 1
INTRODUÇÃO

EDUCAÇÃO FINANCEIRA

A educação financeira é o processo mediante o qual as pessoas melhoram sua compreensão referente aos conceitos e produtos financeiros. Para que adquiram os valores e competências para se tornarem conscientes das oportunidades e riscos futuros, são necessários: informação, formação e orientação clara. Ela tem por propósito auxiliar as pessoas na administração dos seus rendimentos e tomada de decisões, orientando-as sobre os serviços ofertados pelo mercado financeiro, como financiamentos, empréstimos e investimentos.

Essa educação ganha importância com o aumento progressivo da complexidade dos mercados, produtos financeiros, e de mudanças demográficas, econômicas e políticas; pois, desde o surgimento do sistema capitalista, as pessoas tiveram a necessidade de se adaptar ao novo conceito de dinheiro e suas variáveis mais complexas comparadas aos sistemas anteriores.

Educação financeira também pode ser entendida como o conjunto de informações que auxiliam as pessoas a lidarem com sua renda, com a gestão do dinheiro, com gastos e empréstimos monetários, poupança e investimentos de curto e longo prazo.

Um conceito muito importante para a educação financeira é a utilização da poupança, que pode produzir uma segurança necessária durante a vida. Os investimentos de uma pessoa devem ser mais precisos e planejados de acordo com suas necessidades de curto e longo prazo, resultando em ganhos maiores para a vida financeira.

É importante lembrar que poupar exige o adiamento do consumo presente, visando, a princípio, o consumo de algo maior no futuro; e que qualquer pessoa pode fazer uma aplicação financeira com o intuito de poupar dinheiro, mesmo que tenha um montante pequeno, pois, na maioria das instituições financeiras bancárias, é possível abrir uma conta poupança com apenas R$ 100,00.

No Brasil, as mudanças trazidas, principalmente pela estabilização da economia e a queda da inflação, alteraram a forma como a população lida com seus recursos financeiros. A educação financeira pessoal é fundamental na sociedade brasileira, visto que influencia diretamente nas decisões econômicas dos indivíduos e das famílias, sendo considerada um instrumento de melhoria da qualidade de vida que propicia a aquisição de bens materiais e a realização de sonhos.

A alfabetização financeira é um processo educativo, cuja responsabilidade deve ser atribuída às famílias, ao governo, às instituições de ensino e a todas as outras instituições privadas, que estão conscientes da importância de se adotar ações concretas de responsabilidade social.

Atualmente, discute-se que a educação financeira começa com o significado dos valores das moedas, logo no início de vida de uma criança, por volta de 2 ou 3 anos de idade, quando ela pede pela primeira vez dinheiro para comprar doces e brinquedos. Pode-se dizer que uma nova visão está surgindo pela tomada de consciência quanto ao ensino da educação financeira nas escolas, para as crianças e jovens brasileiros. Pires (2005) argumenta que, na sociedade contemporânea, a compreensão básica do mundo do dinheiro, das finanças e do mercado financeiro é uma ferramenta básica de sobrevivência e que, orientados por professores, os alunos iniciam atividades de como vender algo na escola e organizar os lucros.

O endividamento é outro ponto importante dentro do processo de educação financeira. Ele tem sido um tema recorrente na mídia nos últimos anos, em que, frequentemente, são produzidas reportagens sobre situações de inadimplência dos indivíduos. É importante lembrar que o incentivo às compras, a inclusão de novas classes sociais na sociedade de consumo, a facilidade de crédito, a redução de taxas em muitos bens duráveis, a manutenção da geração de emprego e a confiança dos cidadãos na economia, provocam uma movimentação das pessoas em direção à aquisição de bens e serviços.

A princípio, os motivos acima descritos não são a causa direta da inadimplência. O que preocupa é quando as pessoas não são prudentes na hora do planejamento das compras, comprometendo sua renda mais do que seria possível ou recomendável. Dentre as diversas causas do endividamento familiar, pode-se citar: o fenômeno mundial da ascensão das classes C e D, a falta de educação financeira, a compulsão de compras e a teimosia em manter um estilo de vida incompatível com a renda.

Em certos momentos da história de nosso país, não se pode negar que a facilidade de acesso ao crédito cumpriu um papel importante, defendendo, minimamente, a economia brasileira dos efeitos das crises que vinham de fora. Todavia, permitiu o aprofundamento de uma cultura de consumo que não tem a prudência como maior característica. Segundo Rigotto (2014), o comportamento médio brasileiro de se endividar e não fazer poupança encontrou um mar propício para navegar nas facilidades que se sobrepuseram. E quem mais surfou nessa onda foram justamente os menos prudentes. Ele afirma que não há nada de errado em endividar-se. O problema está em exceder-se, citando, como exemplos: contrair um crédito imobiliário ou comprar um imóvel com um valor superior ao que efetivamente se pode pagar, financiar um veículo com parcelas muito pesadas, deixar-se seduzir pelas ofertas, gastar demais nos excessos e esquecer-se de preservar o principal.

Finanças pessoais é uma área de estudo dentro da ciência da economia doméstica. Segundo Cherobim e Espejo (2010), a área de finanças pessoais estuda a aplicação de conceitos financeiros nas decisões financeiras de uma pessoa ou família.

ECONOMIA DOMÉSTICA E FINANÇAS PESSOAIS

De acordo com Cherobim e Espejo (2010), a economia doméstica visa à integração das ciências, das tecnologias e da arte para promover o indivíduo e a família em seu contexto social e seu principal objetivo é melhorar a qualidade de vida das pessoas por meio da otimização do uso dos recursos materiais e humanos disponíveis. Depois do conceito de economia doméstica, torna-se necessário entender outro conceito importante: finanças pessoais.

Para Cherobim e Espejo (2010), em finanças pessoais são considerados os eventos financeiros de cada indivíduo, bem como sua fase de vida para auxiliar no planejamento financeiro. As finanças pessoais englobam estudos de opções de financiamento, orçamento doméstico, cálculos de investimentos, gerenciamento de conta corrente, planos de aposentadoria, acompanhamento de patrimônio e de despesas.

 Para que as finanças pessoais possam ser geridas com eficácia, é imprescindível que as pessoas possuam alguns conhecimentos básicos sobre economia, pois os fatos econômicos influenciam diretamente o planejamento financeiro.

Todo fato econômico, como aumento nas taxas de juros e na carga tributária, gera um impacto macroeconômico, ou seja, em toda a sociedade; e um impacto microeconômico, ou seja, em determinados setores empresariais e nas finanças pessoais.

Logicamente, os fatos econômicos não gerarão impactos homogêneos, pois haverá diferenças nas consequências de decisões econômicas para os diferentes setores, para as diferentes empresas e para pessoas em diferentes fases da vida financeira. Em cada fase da vida, as pessoas possuem características e necessidades diferentes, que vão se alterando à medida que vão ficando mais velhas.

Do ponto de vista financeiro, também há uma evolução, portanto, segundo Cherobim e Espejo (2010), se as pessoas quiserem que seu dinheiro evolua junto, precisam compreender suas características financeiras ao longo da vida. Portanto, é importante que você, como universitário, conheça bem suas características financeiras.

Em economia, inflação significa a queda do valor de mercado ou do poder de compra do dinheiro. Isso é equivalente ao aumento no nível geral de preços. Existem dois principais tipos de inflação: demanda (aumento da procura pelos produtos) e custos (aumento dos gastos dos insumos dos produtos).

Para exemplificar tais diferenças, Cherobim e Espejo (2010) citam o exemplo do emprego. Se o indivíduo é servidor público, municipal, estadual ou federal, momentos de crise financeira e até crises econômicas não afetarão sua estabilidade funcional. Porém, se o indivíduo trabalha na indústria ou no comércio, dificuldades de crédito, queda nas vendas do comércio, redução da atividade econômica afetarão diretamente o nível de emprego no país e poderão afetar também o seu emprego.

Levando-se em conta o fato de que é imprescindível as pessoas possuírem alguns conhecimentos básicos sobre economia para gerirem com eficácia suas finanças pessoais, serão apresentadas algumas considerações sobre inflação.

Caso você esteja enquadrado no perfil padrão do universitário, ou seja, possua entre 18 e 25 anos, não deve se recordar de como era o Brasil quando existiam altas taxas de inflação. Entre o fim da década de 1970 e o início da década de 1990, a inflação era considerada um dos piores problemas do nosso país. Na época, comparava-se a inflação a um "dragão", que destruía o poder de compra dos trabalhadores. Diante do que o Brasil já enfrentou, atualmente, segundo Carneiro (2014), a inflação pode ser comparada somente a uma "lagartixa".

Durante aquele período, a população não tinha noção dos preços dos produtos e serviços, pois, a cada mês, os preços aumentavam. Além disso, constantemente, eram implantados planos econômicos para tentar acabar com a inflação. Em várias ocasiões, a moeda nacional mudou de nome e teve "zeros cortados". O primeiro plano estruturado pelo Governo Federal visando combater a inflação foi lançado em 1986 e foi chamado de Plano Cruzado. Depois dele, vieram vários outros: Plano Bresser (1987), Plano Verão (1989), Plano Collor (1990) e Plano Collor II (1991). A inflação somente foi efetivamente controlada a partir de 1994, com a implantação do Plano Real.

Segundo Cherobim e Espejo (2010), a partir do Plano Real, as pessoas passaram a ter mais noção de valor, referências de preços, a cuidar mais do seu dinheiro. Essa percepção de valor se fortaleceu tanto no que se refere a guardar como a gastar.

Em tempos de inflação alta, as compras de alimentos, de materiais de limpeza e de higiene, de roupas, entre outras, deviam ser feitas de forma rápida, pois, logo que as pessoas recebiam seus salários, precisavam correr para o supermercado e lojas, visando comprar rapidamente os bens necessários. Isso ocorria pelo fato de os preços dos produtos subirem quase todos os dias, portanto, quanto antes a despensa e o guarda-roupa fossem abastecidos, melhor.

A partir do momento que os preços praticamente pararam de subir, Cherobim e Espejo (2010) comentam que as pessoas começaram a ter noção de valor, de preço e, por consequência, passaram a cuidar melhor do seu dinheiro. Não é que os preços não subam hoje em dia, mas agora sobem dentro de parâmetros mais razoáveis, controláveis, então, como as pessoas tem mais controle, podem cuidar melhor do dinheiro.

A redução da oferta de bens e serviços públicos e o aumento da expectativa de vida da população são fatores que levaram as pessoas a se preocuparem mais em cuidar do seu dinheiro.

Capítulo 2
ORÇAMENTO PESSOAL

CONCEITO E CARACTERÍSTICAS

O conceito de orçamento como instrumento de planejamento e controle surgiu nas empresas, portanto, segundo Carneiro (2014), antes de se abordar o orçamento pessoal, é importante que seja apresentada a origem do orçamento empresarial. Partindo do princípio que as pessoas devem cuidar de suas finanças de forma mais profissional, como se fossem uma empresa, esses conceitos iniciais se tornam imprescindíveis.

Segundo os dicionários, a palavra orçamento tem dois significados:

1. ato ou efeito de orçar; avaliação;
2. cálculo da receita e dos gastos.

No dia a dia, a maioria das pessoas conhece e utiliza a palavra orçamento com o sentido de cotação de preços, como, por exemplo: um universitário que acabou de se mudar para uma república e está fazendo um orçamento para a compra de uma cama.

Por outro lado, para a ciência da Administração, a palavra orçamento é mais utilizada para designar o cálculo das receitas e gastos de uma empresa, ou seja, com seu segundo significado. Portanto, de acordo com Carneiro e Matias (2010), quando se ouve que uma empresa está fazendo seu orçamento, significa que ela está projetando suas receitas e gastos para o futuro e não simplesmente fazendo uma cotação de preços.

O orçamento empresarial, segundo Lunkes (2009), pode ser definido como um plano dos processos operacionais para um determinado período. Tal autor afirma que o orçamento é uma forma representativa dos objetivos econômico-financeiros a serem atingidos por uma empresa, expresso por meio da formalização das projeções de suas receitas e gastos. Para se fazer as projeções, deve ser definida uma unidade de tempo. Quando o orçamento é elaborado por uma empresa, normalmente, a unidade de tempo utilizada é o ano, subdividido em meses.

As origens da utilização do orçamento são antigas e estão no setor público. Dentre as leis da constituição inglesa, escrita em 1689, encontra-se uma que estabelecia que o poder executivo (Rei e Primeiro-Ministro) só poderia cobrar certos impostos ou gastar recursos mediante à autorização do poder legislativo (Parlamento).

Lunkes (2009) afirma que o Primeiro-Ministro levava ao parlamento os planos de gastos envoltos em uma grande bolsa de couro, cerimônia que passou a ser chamada de *opening the budget*, ou abertura da bolsa. Naquela época, na língua inglesa, a palavra *budget* significava somente "bolsa grande". A partir de 1800, tal palavra foi incorporada ao dicionário inglês com o significado de orçamento. No Brasil, principalmente em empresas de grande porte, é comum o orçamento ser chamado de *budget*.

De acordo com Zdanowicz (1983), *apud* Lunkes (2009), em empresas privadas, o primeiro registro de utilização do orçamento foi em 1919, pela empresa Du Pont, nos Estados Unidos. No Brasil, apesar de o orçamento ter passado a ser foco de estudos a partir de 1940, somente atingiu seu apogeu a partir de 1970, quando empresas passaram a adotá-lo com mais frequência em suas atividades.

Hoje, a maioria das empresas de grande porte utiliza o orçamento como instrumento de planejamento e controle de suas atividades. Infelizmente, por outro lado, as empresas de micro e pequeno porte e as pessoas físicas principalmente, por falta de conhecimento, não o utilizam.

Após a apresentação de alguns aspectos acerca do orçamento empresarial, pode-se utilizar seu conceito para, de forma comparativa, elaborar a definição de orçamento pessoal, conforme a Figura 2.1.

Pode-se dizer que o orçamento pessoal é um instrumento (um meio) que visa fazer com que as pessoas façam a gestão de seus recursos financeiros de forma mais eficaz, ou seja, fazendo com que atinjam seus objetivos econômico-financeiros. De acordo com Hoji (2007), pode-se definir o objetivo econômico-financeiro de uma pessoa como a maximização de seu patrimônio, que será obtido por meio da profissão que exerce.

Orçamento empresarial é a projeção de receitas e gastos que uma **empresa** elabora para um determinado período de tempo.

Orçamento pessoal é a projeção de receitas e gastos que uma **pessoa** elabora para um determinado período de tempo.

Figura 2.1. Orçamento empresarial *versus* orçamento pessoal.

 Os itens que compõem o patrimônio de uma pessoa, assim como seus respectivos valores de mercado, devem ser discriminados em sua declaração de imposto de renda.

Logicamente, não devemos possuir apenas objetivos econômico-financeiros, pois a vida não deve se resumir à busca da maximização do patrimônio pessoal. Porém, imagino que, como jovem que é, você esteja cheio de sonhos, cuja realização dependerá de recursos financeiros: troca de celular, aquisição do primeiro carro, viagens com os amigos, comprar roupas, frequentar bares e restaurantes, ir à festas, etc.

 Segundo Carneiro (2014), patrimônio pessoal é o conjunto de bens que uma pessoa possui, tais como: imóveis, veículos, joias, objetos de arte, dinheiro, investimentos em instituições financeiras, ações de sociedades anônimas, etc.

Voltando ao tema orçamento, você precisa saber que ele é um importante instrumento para as pessoas elaborarem seu planejamento de curto prazo e, posteriormente, verificar se ele está sendo atingido, exercendo, dessa forma, um tipo de controle.

Viver sem orçamento, segundo o site *About.com*, é semelhante a viajar sem um roteiro. Embora o indivíduo possa chegar a algum lugar satisfatório, o resultado é, normalmente, caro e dispendioso. Apesar de muitas pessoas encararem o orçamento como uma forma de restrição e de reparação, ele poderá gerar diversos **benefícios** substanciais à saúde financeira pessoal, conforme a seguir:

- **funciona como um roteiro:** o orçamento irá mostrar onde cada Real está sendo gasto. A representação visual dos gastos reais revelará à direção seguida. Quando o curso a ser seguido é incorreto, o orçamento poderá ser utilizado para rever o que está sendo feito. O orçamento é um documento vivo, que deverá ser atualizado com as mudanças que ocorrerem na vida do indivíduo;

- **revelam falhas:** um orçamento detalhado, quando é comparado aos gastos reais mensais, revelará o uso incorreto do dinheiro. Quando o dinheiro for gasto em itens não orçados, os *deficits* orçamentários serão criados e poderão ser corrigidos. Quando o indivíduo identificar um tipo de gasto indevido, poderá tomar medidas corretivas;

- **alinham prioridades:** permite pensar e listar quais são as prioridades a curto e médio prazos, no que é importante para a pessoa e em que se pretende gastar. Objetivos são estabelecidos e visualizados, o que estimula que sejam alcançados;

- **constroem novos hábitos:** os esforços para se manter dentro do orçamento tendem a construir novos hábitos de consumo, que poderão ser mantidos ao longo do tempo. Ao trabalhar dentro do orçamento, a pessoa identifica quais despesas são desnecessárias e quais pode reduzir, visando gerar uma sobra de dinheiro para poder investir;

- **reduz o estresse:** com a utilização do orçamento, a pessoa passa a ter uma noção mais precisa de sua saúde financeira. Ela sabe quanto pode gastar e terá mais tranquilidade para escolher em que gastar sem se desesperar depois por não conseguir cumprir seus compromissos financeiros;

- **controlam os gastos:** se os gastos excederem os valores orçados, as correções poderão ser feitas nos meses subsequentes, controlando, dessa forma, o fluxo mensal de dinheiro. Quando as dívidas pesarem sobre as finanças mensais, o orçamento poderá mostrar áreas onde as despesas poderão ser reduzidas, encontrando-se recursos para que sejam pagas;

- **esforços coordenados:** se o objetivo é passar férias em um local sofisticado, os membros da família poderão cobrar mutuamente para que o dinheiro não seja gasto com outras coisas. O orçamento funciona como um termômetro para as finanças de uma família;

- **transforma o dinheiro em uma ferramenta:** o processo de orçar todas as despesas mudará a mentalidade em relação ao dinheiro. Em vez de ser gasto, impulsivamente, passará a ser visto simplesmente como uma ferramenta para alcançar os objetivos e satisfazer às necessidades da pessoa. Crianças criadas sob uma disciplina orçamentária passarão a dar mais valor ao dinheiro;

- **cria superávit de recursos:** a utilização do orçamento fará a pessoa viver dentro da realidade de seus rendimentos mensais. Quanto menos dinheiro for gasto, maior será a probabilidade de se obter um superávit financeiro, ou seja, maior a chance de se gastar menos que o total dos rendimentos. Esse superávit poderá ser utilizado para se atingir outros objetivos financeiros;

- **crescem os investimentos:** o superávit financeiro permitirá que a pessoa passe a fazer investimentos, como, por exemplo, aplicações em instituições financeiras bancárias. Tais investimentos poderão garantir um futuro mais tranquilo ou mesmo auxiliar em algum momento de dificuldade financeira, como a perda do emprego;

- **diversificações dos objetivos:** o superávit permitirá que a pessoa possa se mover em direção a outros objetivos importantes, além dos investimentos no mercado financeiro, como, por exemplo, o financiamento da educação universitária para cada criança. Muitos objetivos poderão ser definidos e alcançados a partir do momento que o orçamento for utilizado de forma consistente para se monitorar as atividades financeiras.

Após terem sido apresentados os benefícios do orçamento pessoal, é imprescindível que sejam apresentadas também suas limitações. É verdade que ele permite, durante o período de um mês ou ano, que as receitas e despesas sejam geridas de forma mais eficaz. Além disso, ajuda a economizar dinheiro e a pagar as dívidas de forma mais tranquila. No entanto, para colocá-lo em prática, segundo Balle (2012), devemos nos preparar para enfrentar alguns desafios, conforme o Quadro 2.1.

Como tudo na vida, a utilização do orçamento apresenta prós e contras; portanto, segundo Carneiro (2014), deve-se confrontar os dois lados da moeda para que seja decidido se ele será adotado ou não. Em geral, os benefícios que o orçamento poderá gerar para as pessoas superam, em larga escala suas limitações, portanto, sem sobra de dúvidas, deve ser adotado.

Quadro 2.1. Desafios do orçamento

Disciplina	Quando uma pessoa adota o orçamento, deve fazer escolhas difíceis e, por vezes, desconhecidas em sua vida. Caso ela ache que seus gastos com entretenimento são muito altos, deverá ajustar seu estilo de vida para reduzi-los. Isso pode significar gastar menos tempo se divertindo ou frequentando lugares mais baratos. Muitas vezes, é preciso tempo e paciência para mudar hábitos e costumes adquiridos
Tempo despendido	Outra desvantagem em adotar o orçamento pessoal é o tempo despendido para colocá-lo em prática. A pessoa deverá gastar uma quantidade significativa de tempo para criar e gerir seu orçamento. Será necessário tempo para criar uma planilha orçamentária e listar todas as contas e obrigações. Também haverá gasto de tempo para fazer as entradas e modificações no orçamento. Antes de se efetuar qualquer grande compra, deve-se verificar se há recursos financeiros para pagá-la. Além disso, também será despendido tempo para controlar as contas bancárias de forma mais rigorosa

 Por que as pessoas reclamam tanto da falta de tempo? Seria o excesso de atividades ou a falta de métodos eficazes? Segundo a Academia do Tempo (2014), a vida é breve e o tempo é pouco, mas é o bastante para quem sabe usá-lo com bom-senso. Já para Albert Einstein: "Falta de tempo é desculpa daqueles que perdem tempo por falta de métodos."

Outra limitação apresentada pelos críticos do orçamento é o fato de ele ser baseado em projeções futuras que, logicamente, poderão não ser concretizadas. Para rebater tais críticos, pode-se comentar que é melhor ter um planejamento financeiro sujeito a erros do que não ter planejamento algum.

Caso surjam situações inesperadas, que façam com que os rendimentos projetados não ocorram conforme o planejado, a pessoa saberá que os gastos deverão ser reduzidos para se adequarem à sua nova realidade. Diante de tal situação, caso ela não possuísse um orçamento, é muito provável que não pensasse em reduzir seus gastos.

Como jovem universitário, é muito provável que sua renda seja pequena para se sustentar sozinho (e pode ser que ainda nem possua algum tipo de renda), portanto, tenha consciência da real situação financeira de sua família e contribua, de forma efetiva, para que ela tenha um orçamento equilibrado.

ELEMENTOS

Após a apresentação do conceito e das características do orçamento pessoal, é importante também apresentar os elementos que o compõem: receitas, despesas e investimentos. Para que ele possa ser utilizado, efetivamente, como um instrumento de planejamento e controle financeiro para as pessoas, cada um desses elementos deve ser analisado com mais profundidade.

Receitas

Antes de pensar em gastar, a pessoa deve saber, com a máxima exatidão possível, qual é o valor mensal de receitas que possui.

Segundo Carneiro (2014), para que não enfrentemos problemas financeiros, a principal regra é não gastar mais do que ganhamos.

Carneiro e Matias (2010) comentam que as empresas possuem mais dificuldades para projetar suas receitas que as pessoas, visto que dependem de quanto seus clientes estarão dispostos a comprar. Para as pessoas, normalmente, a projeção das receitas não é tarefa tão difícil, visto que a maioria possui recebimentos fixos. A tarefa de projetar as receitas se torna mais difícil para aquelas pessoas que recebem comissões sobre vendas, pois elas poderão variar a cada mês.

Em um orçamento pessoal, podem-se definir receitas como todos os recebimentos que a pessoa terá direito. Didaticamente, as receitas podem ser classificadas em duas categorias: regulares e eventuais.
- **receitas regulares:** são aquelas recebidas todo mês, tais como: salário líquido, comissões (exemplo: pessoas que atuam como vendedores), benefícios (exemplo: salário família), reembolso de despesas de viagem, aluguéis de

imóveis, etc. No caso dos universitários, que ainda não trabalham, a receita regular seria a mesada fornecida pelos pais;

- **receitas eventuais:** são aquelas que não são recebidas todo mês, tais como: décimo terceiro, férias, bônus, prêmios, heranças, venda de bens próprios (exemplo: automóvel), restituição do imposto de renda, resgate de aplicação financeira, empréstimos de curto prazo (exemplo: utilização do limite de cheque especial), etc. Universitários, que ainda não trabalham, aulas particulares ministradas a colegas de faculdade, esporadicamente, seriam um exemplo de receita eventual.

Despesas

Depois que as receitas foram devidamente projetadas, a pessoa poderá definir quais serão os tipos e os valores de despesas com as quais poderá arcar. Dessa forma, evitará gastar um valor maior que o valor da receita projetada.

Didaticamente, para que o controle das despesas fique mais organizado, a pessoa deverá agrupá-las de acordo com algum critério. Nesse livro, adota-se como critério o destino da despesa. Utilizando tal critério, sugere-se que as despesas sejam classificadas em 9 categorias:

> Em um orçamento, pode-se definir despesas como todos os desembolsos de dinheiro que serão realizados.

- **supermercado:** alimentos, bebidas, produtos de limpeza, produtos de higiene pessoal, utilidades domésticas (exemplo: talheres), outros itens (exemplo: lâmpadas);

- **moradia:** aluguel, energia elétrica, telefone, água, manutenção, IPTU, aquisição de móveis e decoração;

- **vestuário:** roupas, calçados e acessórios;

- **transporte:** combustível, pedágio, manutenção, seguro, IPVA, táxi, coletivo (ônibus, metrô, etc.);

- **saúde:** convênio médico e odontológico, exames particulares e remédios;

- **educação:** mensalidade escolar, material escolar, curso de línguas;

- **lazer e entretenimento:** cinema, teatro, vídeo locadora, restaurantes, bares, hotéis (viagem), aquisição de eletroeletrônicos;

- **despesas bancárias:** juros do cheque especial, juros do cartão de crédito, pagamento de empréstimos de curto prazo, tarifas bancárias;

- **outras despesas:** presentes de aniversário, doações para instituições filantrópicas, imposto de renda, etc.

Logicamente, a classificação das despesas apresentada é simplesmente uma sugestão, pois cada pessoa, de acordo com suas características de consumo, poderá definir outros critérios para classificá-las. Além disso, em cada uma das categorias apresentadas, poderão ser inseridas outras despesas, ou mesmo excluídas aquelas que não fazem parte do dia a dia da pessoa.

Segundo Carneiro (2014), a categoria de despesas "educação" requer um comentário muito importante, pois não deve ser encarada simplesmente como uma despesa, mas sim como um investimento, em razão de as despesas que estão ocorrendo no presente podem propiciar um aumento das receitas no futuro.

Além de as pessoas que investem em educação aumentarem suas chances de não ficarem desempregadas, caso já estejam trabalhando, também passarão a ter possibilidade de encontrar oportunidades de trabalho em outras empresas ou mesmo ser promovidas nas próprias empresas onde já trabalham, passando a receber um salário mais alto, ou ainda se tornarem profissionais liberais e montarem seu próprio negócio. Como exemplos, podem ser citados os casos dos médicos e dentistas, que podem montar consultórios, ou dos advogados e contadores, que podem montar escritórios.

Esse é um conceito que, como universitário, sempre deve ter em mente. As despesas que você ou seus pais estão desembolsando no momento são o passaporte para adquirir uma profissão e conseguir um futuro melhor. Segundo Seabra (2012), as principais premissas da Teoria do Capital Humano que abordam conceitos de empregabilidade, relativos à influência positiva da educação (representada pela escolaridade) sobre o salário e sobre a empregabilidade, podem ser confirmadas por meio de pesquisas.

É imprescindível que o orçamento das despesas seja elaborado com muito critério, pois, desse modo, evitará que a pessoa gaste mais do que a receita que possui, gerando dívidas indesejadas.

Segundo o Procon (2014), as dívidas normalmente surgem por causa de situações inesperadas como doenças, óbitos, separações, desempregos, etc. Comportamentos inadequados como compras por impulso, utilização frequente do limite do cheque especial, muitos gastos com cartão de crédito e pequenas despesas não consideradas, também são origem da maioria das dívidas.

O Procon afirma que o orçamento deve ser elaborado para que as finanças pessoais possam ser administradas de forma melhor, propiciando, assim, o controle das despesas e o planejando das compras. Na prática, o orçamento ajuda a pessoa a não acabar com seu dinheiro antes do final do mês. Com relação às situações inesperadas, ele sugere que deve ser considerada a possibilidade dessas ocorrências, já que muitas delas são comuns a todos, portanto, é imprescindível manter uma reserva financeira.

Investimentos

A utilização do orçamento tem como objetivo fazer com que a pessoa não gaste mais do que as receitas que possui, evitando, assim, que passe a ter problemas financeiros. Porém, o orçamento possui outro objetivo importante, o de propiciar um futuro mais tranquilo às pessoas.

A maioria das pessoas esquece que se aposentará um dia e não se prepara financeiramente. Quando a aposentadoria chega, as receitas diminuirão e as despesas aumentarão, para ilustrar tal afirmação, basta que seja lembrado que o valor pago pelo INSS aos aposentados quase sempre é inferior ao salário que a pessoa possuía quando ainda estava trabalhando. Portanto, é imprescindível adotar ações pensando nesse momento futuro.

Além da diminuição do salário, quando uma pessoa que trabalha em uma empresa se aposenta, perderá o convênio médico e precisará fazer um plano particular. Para pessoas com idade mais avançada, esses planos são muito caros. Segundo Carneiro e Matias (2010), também é importante lembrar que poderá haver mais gastos com remédios e que o indivíduo poderá ter filhos que ainda não se tornaram independentes, fazendo faculdade e financiando suas atividades de entretenimento às suas custas, ou seja, filhos "paitrocinados".

Caro universitário, ao tomar ciência de tal dado, caso ainda seja "paitrocinado", espero que se conscientize da importância de terminar sua faculdade e começar a se sustentar sozinho o mais rápido possível, pois essa será sua contribuição para tornar a vida financeira de seus pais mais tranquila.

Diante do que foi comentado, é imprescindível que as pessoas se preparem financeiramente para o momento da aposentadoria, ou seja, precisam fazer investimentos no presente para garantir um futuro melhor. Para que tal objetivo possa ser concretizado, segundo Carneiro (2014), além de não gastar mais do que ganham, as pessoas devem reservar parte de sua receita para fazer investimentos.

Após tais constatações, é necessário inserir no orçamento pessoal o elemento investimentos, que pode ser definido como todos os desembolsos de dinheiro que a pessoa realizará no presente, visando um futuro mais tranquilo e seguro. Você deve estar pensando que é muito cedo para pensar nisso, pois nem terminou a faculdade ainda. Porém, quanto mais cedo começar a pensar na aposentadoria, melhor será sua condição financeira quando tal momento chegar.

Durante o tempo que estiver cursando a faculdade, caso consiga pelo menos equilibrar suas despesas com suas receitas, não contraindo endividamentos desnecessários, já terá dado um grande passo.

É fundamental reconhecer que as receitas não devem ser destinadas somente ao pagamento das despesas mensais. Portanto, as receitas obtidas mensalmente também deverão ser economizadas para aquele período em que as pessoas deixarão de trabalhar, ou seja, o período da aposentadoria. Diante de tais constatações, o consultor financeiro Gustavo Cerbasi, em entrevista ao site ABQV, comenta que "o caminho para garantir a manutenção do padrão de vida é gastar menos do que ganhamos e investir com qualidade as 'sobras', aplicando-as em investimentos que conheçamos bem".

Dentre os investimentos que uma pessoa pode fazer, destacam-se: a poupança, o Certificado de Depósito Bancário (CDB), os fundos de investimentos, os títulos de capitalização, a previdência privada, a aquisição de imóveis e de ações de sociedades anônimas de capital aberto. Fique tranquilo, pois, no Capítulo 4, tais investimentos serão apresentados e tratados com profundidade.

Apesar de não ser um hábito comum entre os brasileiros, é muito importante pensar seriamente no futuro. Felizmente, várias empresas de grande porte já atentaram para essa necessidade e, por meio de planos de previdência complementar (também conhecidos por fundos de pensão), estão fazendo algo de concreto para seus colaboradores. Segundo a Odeprev (2014), empresa que administra o plano de previdência complementar aos integrantes do Grupo Odebrecht, todo indivíduo deve pensar no seu futuro e de sua família, levando em consideração vários fatores que irão influenciar seu modo de viver no futuro.

Fundo de pensão é uma fundação ou sociedade civil que gere o patrimônio de contribuições de participantes com o objetivo de proporcionar rendas ou pecúlios. No Brasil, são chamados de Entidades Fechadas de Previdência Complementar. Em 1997, foram regulados por meio da Lei 6.435, abrindo à possibilidade de conceder pecúlios e rendas a qualquer empresa ou entidade, como igrejas, cooperativas e outras pessoas jurídicas.

- **aumento da expectativa de vida:** a expectativa de vida, segundo dados divulgados pelo Instituto Brasileiro de Geografia e Estatística (IBGE), em dezembro de 2010, é de 73,2 anos. O aumento foi de 10,6 anos se comparado a 1980. Se a população está vivendo mais, consequentemente, precisará de mais recursos para sobreviver no período da aposentadoria;

- **gastos com saúde:** o gasto com assistência médica no envelhecimento se torna um peso alto para o nível de renda. Portanto, a prevenção da saúde o quanto antes é a melhor forma: prática de exercícios, alimentação adequada, visita periódica aos médicos são alguns fatores importantes para manter uma vida saudável, prevenindo doenças futuras;

- **valor da aposentadoria:** há um descompasso na previdência pública com o aumento do quantitativo de aposentados e pensionistas e a arrecadação inferior ao necessário, gerando um *deficit*. Tal realidade implicará em reformas no sistema para garantir que os atuais contribuintes possam usufruir do benefício no futuro. Isso certamente gerará uma redução do valor real dos benefícios e aumento do limite de idade para aposentadoria;

- **atividades ocupacionais:** os indivíduos que passam anos com atividade habitual de trabalho, quando chega o momento da aposentadoria e ficam sem uma alternativa ocupacional, tornam-se entediados, criando problemas para si e para os familiares. Para evitar tal problema, é importante planejar uma atividade para o "pós-aposentadoria", seja abrir um negócio, estudar, desenvolver atividades filantrópicas, viajar, etc. Porém, qualquer que seja a alternativa, será necessário ter recursos além da aposentadoria do INSS que, geralmente, é inferior ao salário da ativa.

MÉTODOS DE ELABORAÇÃO

De forma simplificada, pode-se dizer que método é um caminho que deverá ser seguido para que um objetivo possa ser alcançado. Nos dois primeiros itens desse capítulo, foram apresentados vários conceitos sobre orçamento pessoal. Porém, para que possa ser efetivamente colocado em prática, é imprescindível que conheçamos um caminho, ou seja, um método didático para elaborá-lo.

Etapas do orçamento

Quem pratica esportes já deve ter ouvido falar na frase: *No pain, no gain*, que, em uma tradução livre, significa, "sem sacrifício, sem resultado". Essa frase, segundo Carneiro e Matias (2010), também pode ser aplicada à vida financeira. Será que existem atletas que tenham atingindo algum objetivo difícil sem terem passado por muitos sacrifícios ou terem empreendido grande esforço? Caso esteja convencido que o sacrifício e o esforço valem a pena, comece a utilizar o orçamento em sua vida a partir de hoje.

No início do processo de elaboração de seu orçamento, que demandará dois ou três meses, não se preocupe em fazer projeções das receitas e das despesas para os meses seguintes. Nessa primeira etapa, preocupe-se apenas em listar os tipos e os valores das suas receitas e despesas mensais, montando, desse modo, um plano de contas.

Cada tipo de despesa ou de receita passará a ser uma conta, devendo receber um nome específico, por exemplo, caso seja consertado um cano, deve-se contabilizar tal despesa na conta manutenção da casa; caso seja creditado um valor na conta corrente bancária, proveniente do seu trabalho assalariado, deve-se contabilizar tal receita na conta salário.

Ao terminar a primeira etapa, a pessoa terá concluído a elaboração do seu plano de contas. Após a obtenção desses dados, devem ser calculadas as médias dos valores das receitas e despesas mensais. Para que esse conceito fique mais claro, imagine que a despesa com energia elétrica, durante 3 meses, tenha sido, respectivamente, R$ 182,00, R$ 174,00 e R$ 168,00. Nesse caso, a média das despesas com energia elétrica será de R$ 174,67.

A próxima etapa deverá ser a projeção dos valores das despesas para os meses seguintes, levando-se em conta as médias que foram calculadas. No exemplo das despesas com energia elétrica, a pessoa deverá orçar o valor de R$ 174,67. Logicamente, esse processo deve ser elaborado para todas as despesas que foram identificadas no plano de contas.

Quando tal processo for finalizado, poderá ser identificado um problema, pois, ao comparar os valores que foram orçados para as despesas dos meses seguintes, pode-se descobrir que a receita não será suficiente para cobri-las, ou seja, foi descoberto um grande problema: a pessoa está gastando mais do que ganha.

Diante de tal situação, para os próximos meses, é necessário que sejam orçados valores menores para algumas despesas, sempre tendo em mente que não se pode gastar mais do que se ganha. Na prática, para que as despesas possam ser efetivamente reduzidas durante o mês, deverão ser adotadas algumas estratégias, apresentadas anteriormente.

Em um primeiro momento, o principal objetivo do orçamento é fazer com que a pessoa não gaste um valor superior ao da receita que irá receber. Posteriormente, após as despesas terem sido equilibradas em relação às receitas, é preciso que seja feito um esforço extra para conseguir ter uma sobra de dinheiro, que deverá ser destinada a algum tipo de investimento, que gerará, no futuro, mais tranquilidade e segurança.

Planilha orçamentária

Segundo Carneiro e Matias (2010), um dos princípios do orçamento empresarial, que também deve ser aplicado ao orçamento familiar, é sua utilização como um instrumento de controle.

 Para colocar em prática o controle orçamentário, é imprescindível elaborar um relatório gerencial, ou seja, algum tipo de planilha em que seja possível observar se o que foi projetado efetivamente ocorreu.

A dica fornecida por Frezatti (2007) para as empresas também deve ser utilizada pelas pessoas: "ao analisar os relatórios gerenciais, os gestores devem identificar se as metas foram alcançadas, quais foram as variações encontradas, analisar, entender as causas da variação e decidir ações que ajustem as metas no futuro ou que permitam manter aquelas que foram decididas."

Assim como nas empresas, o ideal seria que o orçamento fosse elaborado para o período de um ano, subdividido em meses. No final de um ano, a pessoa deveria projetar todas as receitas e despesas para o ano seguinte, levando em conta todas as sazonalidades que ocorrerão (exemplos: despesas com livros no início do semestre, presentes de Natal, receita com décimo terceiro em dezembro, etc.). Com relação a esse tema, leia, na sequência, o artigo: "Parceiros do décimo terceiro":

Em todo final de ano, qual é o motivo que deixa as empresas tristes e os funcionários felizes? Caso não tenha adivinhado, a resposta é fácil, é o décimo terceiro salário. Logicamente, as empresas ficam tristes por terem que desembolsar, no espaço inferior a um mês, duas folhas de pagamento para seus funcionários. Por outro lado, os funcionários ficam felizes pela sensação de terem ficado ricos. Além dos salários de novembro e dezembro, recebem um salário a mais, dividido em duas parcelas, as quais são pagas, normalmente, nos dias 30 de novembro e 20 de dezembro. Ao receberem tal montante de dinheiro, as pessoas podem cometer o erro de gastar demais. Infelizmente, a triste notícia a ser dada é que o décimo terceiro salário não é só seu. Não se esqueça que você possui alguns sócios indesejáveis, que pegarão uma grande parte do seu dinheiro no mês de janeiro. Dentre tais sócios, posso destacar o governo municipal (IPTU), o governo estadual (IPVA), as lojas do setor comercial (despesas com presentes de Natal), as empresas ligadas ao turismo (despesas com viagens de férias), as escolas particulares (matrícula dos filhos) e as papelarias (materiais escolares). Na prática, a grande maioria das pessoas acaba gastando todo seu décimo terceiro em dezembro. Porém, quando chega janeiro, elas percebem que o enriquecimento gerado pelo décimo terceiro foi ilusório. Várias empresas também passam por dificuldades neste período, pois não se organizam financeiramente para poder efetuar o pagamento do décimo terceiro salário aos seus funcionários. (CARNEIRO, 2012).

As projeções das receitas e das despesas devem ser colocadas em uma planilha, para que a pessoa possa observar, com mais clareza e nitidez, as metas que deverá alcançar mês a mês. Para ratificar a importância de uma planilha no processo de elaboração do orçamento pessoal, pode-se citar a pesquisa desenvolvida por Cunha (2012), que foi realizada com moradores do parque residencial Santa Maria, em Franca, SP. Tal pesquisa constatou que 92% das famílias entrevistadas afirmaram que o uso da planilha facilita o planejamento diário dos ganhos e gastos.

Carneiro e Matias (2010) sugerem que uma planilha de orçamento possua 5 colunas. Na primeira, devem ser listados os tipos de receitas, despesas e investimentos; na segunda, os valores orçados e, na terceira, os valores efetivamente realizados. Além dessas

Faça a leitura do QR Code e assista o vídeo: *Parceiros do 13º salário*, no Canal do Editor.

colunas, também é importante utilizar duas outras: uma para comparar, percentualmente, a variação do valor que foi orçado com o valor que foi efetivamente realizado, e outra para comparar cada um dos itens de receitas e despesas com a receita total da pessoa.

No final de um ano, devem ser elaboradas 12 planilhas de orçamento, uma para cada mês do ano que irá se iniciar. Logicamente, o processo de elaboração e acompanhamento do orçamento requer tempo, organização e comprometimento. Em todos os meses do ano, dia a dia, as despesas efetivamente pagas deverão ser anotadas na coluna "valores realizados" da planilha. Tendo-a sempre em mãos, é possível saber quanto poderá gastar com cada uma de suas despesas.

Sazonalidade é uma expressão muito utilizada pelos economistas, referindo-se à alternância de períodos previsíveis de baixas e altas de preços, em decorrência, respectivamente, de aumentos e diminuições na oferta de bens. No caso do orçamento pessoal, a sazonalidade está relacionada ao fato de algumas despesas e receitas não serem constantes durante o ano.

No caso do universitário que ainda não possui receitas próprias, no item receitas da planilha, deve ser criada uma conta chamada mesada, onde será inserido, mensalmente, o valor que recebe. No item despesas, deverão ser criadas as contas que representarão os tipos e valores dos desembolsos que realizará mensalmente, tais como: aluguel da república, alimentação, livros, transporte, etc. Não se esqueça de inserir a conta de festas, pois seus pais devem ser parceiros, na medida do possível, para saber que "ninguém é de ferro".

Como seus pais não vão querer aumentar o valor da sua mesada para gastar com festas, seria importante que, durante o tempo que estiver cursando a faculdade, buscasse formas de obter alguns tipos de receitas extras. Porém, não se esqueça de também utilizar tais receitas para potencializar a faculdade que está fazendo, participando de congressos, palestras, cursos, etc.

Modelo de planilha

Para que seja possível visualizar melhor a importância de uma planilha no desenvolvimento de um orçamento, será apresentado um modelo, onde foram atribuídos valores fictícios nas colunas orçado e realizado (Tabela 2.1).

TABELA 2.1. Simulação da utilização da Planilha de Orçamento Familiar

Receitas e Despesas Referência: mês / ano	Valores Orçados	Valores Realizados	Real/Orçado Variação (%)	Percentual da Receita Total
RECEITAS TOTAIS	**3.050,00**	**3.000,00**	**-1,64%**	**100,00%**
Regulares	**2.550,00**	**2.450,00**	**-3,92%**	**81,67%**
Salário	1.500,00	1.500,00	0,00%	50,00%
Comissões e benefícios	500,00	400,00	-20,00%	13,33%
Reembolso de viagens	250,00	250,00	0,00%	8,33%
Aluguéis de imóveis	300,00	300,00	0,00%	10,00%
Eventuais	**500,00**	**550,00**	**10,00%**	**18,33%**
Bônus, prêmios ou heranças	500,00	550,00	10,00%	18,33%
DESPESAS TOTAIS	**2.500,00**	**2.538,00**	**1,52%**	**84,60%**
Supermercado	**500,00**	**525,00**	**5,00%**	**17,50%**
Alimentos	350,00	370,00	5,71%	12,33%
Bebidas	50,00	60,00	20,00%	2,00%
Produtos de limpeza	30,00	35,00	16,67%	1,17%
Produtos de higiene pessoal	40,00	45,00	12,50%	1,50%
Outras despesas	30,00	15,00	-50,00%	0,50%
Moradia	**420,00**	**433,00**	**3,10%**	**14,43%**
Energia elétrica	120,00	125,00	4,17%	4,17%
Telefone	150,00	145,00	-3,33%	4,83%
Água	50,00	48,00	-4,00%	1,60%
Manutenção	100,00	115,00	15,00%	3,83%
Vestuário	**160,00**	**160,00**	**0,00%**	**5,33%**
Roupas	80,00	70,00	-12,50%	2,33%
Calçados	80,00	90,00	12,50%	3,00%
Transporte	**380,00**	**365,00**	**-3,95%**	**12,17%**
Combustível	250,00	260,00	4,00%	8,67%
Pedágio	50,00	45,00	-10,00%	1,50%
Manutenção	80,00	60,00	-25,00%	2,00%

Continua ⇨

⇨ Continuação

Receitas e Despesas Referência: mês / ano	Valores Orçados	Valores Realizados	Real/Orçado Variação (%)	Percentual da Receita Total
Saúde	**100,00**	**130,00**	**30,00%**	**4,33%**
Remédios	100,00	130,00	30,00%	4,33%
Educação	**600,00**	**600,00**	**0,00%**	**20,00%**
Mensalidade escolar	600,00	600,00	0,00%	20,00%
Lazer e entretenimento	**250,00**	**230,00**	**-8,00%**	**7,67%**
Cinema e teatro	50,00	40,00	-20,00%	1,33%
Restaurante e bares	100,00	80,00	-20,00%	2,67%
Aquisição de eletrônicos	100,00	110,00	10,00%	3,67%
Despesas bancárias	**20,00**	**20,00**	**0,00%**	**0,67%**
Tarifas bancárias	20,00	20,00	0,00%	0,67%
Outras despesas	**70,00**	**75,00**	**7,14%**	**2,50%**
Presentes de aniversário	50,00	55,00	10,00%	1,83%
Doações para instituições	20,00	20,00	0,00%	0,67%
(=) Resultado Parcial	**550,00**	**462,00**	**-16,00%**	**15,40%**
Investimentos	**550,00**	**462,00**	**-16,00%**	**15,40%**
Financiamento da casa	350,00	350,00	0,00%	11,67%
Aplicação financeira	200,00	112,00	-44,00%	3,73%
(=) Resultado Final	**0,00**	**0,00**		**0,00%**

Fonte: Carneiro e Matias (2010, pág. 105).

O modelo de orçamento foi desenvolvido por meio de uma planilha Excel e, caso tenha interesse, poderá obtê-lo no *site* da editora: http://editoradoseditores.com.br.

Vale ressaltar que estamos apresentando um modelo de planilha para a elaboração do orçamento, mas seria importante que o universitário montasse também sua planilha, fazendo as devidas adaptações. Ao observar a planilha, atenção maior deve ser dada às duas últimas colunas, pois elas darão uma visão mais detalhada dos valores orçados em relação aos valores efetivamente realizados:

- **variação percentual do real/orçado:** repare que, quando as metas de receitas são atingidas ou superadas, o percentual aparece em itálico (tipo de fonte), pois isso é bom; quando as metas não são atingidas, o percentual aparece em fonte calibri (tipo de fonte), pois isso é ruim. Com relação às despesas, ocorre o contrário, pois quando a meta foi superada, significa que foi gasto um valor superior ao orçado, e isso é ruim (calibri); quando a meta não foi atingida, significa que foi gasto um valor inferior ao orçado, e isso é bom (itálico). Na simulação apresentada, pode-se observar, por exemplo, que foi obtida uma receita com comissões e benefícios de R$ 400,00, mas havia sido orçado R$ 500,00, portanto, isso é ruim (-20,00%/calibri). Por outro lado, foi orçado um gasto de R$ 150,00 com telefone, mas se gastou somente R$ 140,00, portanto, isso é bom (*-3,33%/itálico*).

- **percentual da receita total:** essa coluna permite que seja observado quanto é gasto com cada um dos itens do plano de contas em relação ao total de sua receita. Na simulação apresentada, pode-se observar, por exemplo, que 17,50% da renda foi gasta no supermercado.

Considerações sobre orçado *versus* realizado

Ao final de cada mês, Carneiro e Matias (2010) sugerem que os valores orçados sejam comparados aos valores efetivamente gastos. Desse modo, a pessoa estabelecerá um tipo de controle, pois descobrirá se as metas estipuladas estão efetivamente sendo atingidas e, em caso contrário, poderá estabelecer estratégias para contornar as distorções que possam ocorrer.

Quando o processo orçamentário passa a ser elaborado pelas empresas, alguns gerentes condenam sua utilização como um instrumento de controle, pois alegam que engessa o funcionamento do negócio. Essa crítica é feita utilizando-se o seguinte argumento: "os gerentes só podem gastar os valores orçados para cada conta e, caso surjam eventualidades emergenciais, os gastos não poderão ser alterados".

Assim como no orçamento empresarial, no orçamento pessoal esse argumento também pode ser facilmente derrubado, pois os valores orçados podem ser remanejados. O orçamento é remanejado quando se retira um determinado valor de um item de despesa, repassando-o a outro. Para exemplificar tal processo, imagine que um universitário tenha orçado um valor de R$ 300,00 para lazer e entretenimento e R$ 100,00 para aquisição de livros. No decorrer do mês, um professor exige a aquisição de um livro que não estava na programação inicial da disciplina, que custa R$ 50,00. Portanto, você deverá remanejar R$ 50,00 do item lazer e entretenimento para o item aquisição de livros. Logicamente, para compensar a despesa extra, deverá gastar R$ 50,00 a menos com o item lazer e entretenimento. Não há problema algum em adotar esse procedimento, desde que o total de despesas não ultrapasse o valor orçado, que era de R$ 400,00. Nesse caso, o valor para lazer e entretenimento foi remanejado para R$ 250,00 e o valor para aquisição de livros para R$ 150,00.

A apresentação das considerações sobre "orçado versus realizado" traz mais uma vez à tona a importância de as pessoas gerirem seus recursos financeiros de forma mais profissional, como se fossem uma empresa. Com relação a esse tema, Viegas et al. (2007) afirmam que existem poucos estudos sobre gestão pessoal, entretanto, parece razoável supor que as pessoas devem adotar critérios semelhantes aos utilizados pelas empresas.

De acordo com Viegas *et al.* (2007), um dos pontos mais importantes na gestão pessoal é o controle. Controlar, dentro da ciência da Administração, significa acompanhar e atuar em um determinado processo, de maneira que os seus efeitos estejam em conformidade com padrões (metas) estabelecidos. O controle é exercido para manter os resultados ou para melhorá-los. Controle equivale à administração, gerência. Os autores citados comentam que controlar é monitorar os resultados e buscar as causas (meios) da impossibilidade de se atingir uma meta (fim), estabelecer contramedidas e/ou montar um plano de ação, atuar e padronizar em caso de sucesso.

Quando uma pessoa elabora seu orçamento e faz a comparação do "orçado *versus* realizado", está exercendo o processo de controle. Ao exercer o controle de forma eficaz, garantirá recursos financeiros excedentes para fazer alguns investimentos, que propiciarão um futuro mais tranquilo.

O controle faz com que os fatos se conformem aos planos. Depois de traçada uma meta e elaborados os controles para atingir os objetivos, deve-se verificar a execução dos mesmos e/ou aperfeiçoá-los. Um pequeno gasto diário pode representar uma soma elevada ao final de alguns anos e ser direcionado para outros fins. Os sonhos são os grandes motivos dos investimentos, e ao pensarmos neles devemos nos lembrar que investir significa adiar um consumo presente, para no futuro ter mais dinheiro para consumir, Viegas et al. (2007, pág. 53).

Capítulo 3
ESTRATÉGIAS FINANCEIRAS

INTRODUÇÃO

Para que possamos alcançar um determinado objetivo, é preciso definir uma estratégia, ou seja, um meio a ser utilizado para que o objetivo seja efetivamente atingido. Como visto no capítulo anterior, a utilização do orçamento pessoal tem como objetivo fazer com que nossas receitas sejam maiores que nossas despesas, propiciando, desse modo, que sejam feitos investimentos que nos garantam um futuro mais tranquilo. Portanto, é imprescindível que sejam definidas estratégias financeiras para que tal objetivo seja alcançado.

Os investimentos somente serão possíveis se a pessoa obtiver um superávit financeiro (receitas maiores que as despesas), o que torna necessário adotar estratégias visando aumentar as receitas e diminuir as despesas.

AUMENTO DAS RECEITAS

Ao ministrar palestras sobre orçamento pessoal, sempre ouço a frase: " Professor, é muito difícil controlar minhas despesas, pois ganho muito pouco!". Para as pessoas que se encontram nessa situação, há duas alternativas: continuar gastando mais do que ganham via endividamento ou buscar algumas estratégias para tentar aumentar suas receitas. Essa situação é ainda mais complicada para você, que é universitário, pois, caso ainda não esteja trabalhando, terá que viver com uma mesada, e, mesmo que já esteja trabalhando, receberá um salário baixo pelo fato de estar iniciando sua vida profissional.

Caso opte por continuar gastando mais do que ganha via endividamento, mais cedo ou mais tarde, um grande problema surgirá, pois a dívida se tornará impagável e os credores a cobrarão judicialmente. Além disso, incluirão seu nome nos órgãos de proteção ao crédito, como: SPC (https://www.spcbrasil.org.br/home) e Serasa Experian (http://www.serasaexperian.com.br/). Diante dessa realidade, a alternativa do endividamento sem critérios não é um bom negócio.

Portanto, caso queira gastar mais do que ganha, ou seja, queira ter um padrão de consumo mais alto, a única opção racional é buscar aumentar suas receitas. Muitas vezes, ouvimos dizer que, durante os anos que estamos cursando uma faculdade, é o momento de "plantar", não de "colher". Porém, será que isso é realmente verdade? Será que os universitários, enquanto estão "plantando", também não poderiam encontrar formas alternativas de "colher"? Pensando nisso, serão enumeradas, na sequência, diversas estratégias que poderão ser adotadas pelos universitários visando aumentar suas receitas.

Durante a faculdade, os estudantes de graduação precisam estudar muito para estarem bem preparados para enfrentar o mercado de trabalho. Porém, segundo Sanchotene (2014), alguns conseguem sair na frente e abrem o próprio negócio antes mesmo da conclusão do curso. A jornalista cita dez estratégias a serem utilizadas pelos universitários para ganhar algum dinheiro durante a faculdade, ressaltando que, em alguns casos, a veia empreendedora desenvolvida durante a universidade pode ser a chave do sucesso profissional:

1. **alimentos:** se você possui alguns dotes culinários venda sanduíches, docinhos ou alguma outra guloseima para os outros alunos, familiares e amigos;
2. **digitação:** cobre para digitar trabalhos dos seus colegas e/ou formatar trabalhos nas normas da ABNT;
3. **artesanato:** quem possui habilidade para desenvolver produtos de forma manual para decoração ou uso no dia a dia pode vender peças com bons preços para lojas e amigos;
4. **escreva artigos e livros:** uma das formas de monetizar seus conhecimentos é por meio da escrita. Você pode começar escrevendo artigos genéricos. O site O sabe tudo (osabetudo.com), por exemplo, funciona como uma comunidade colaborativa na qual qualquer pessoa pode divulgar seus artigos, sem restrição de assunto. O autor precisa apenas se cadastrar no site e no

Google Adsense e escrever um mínimo de cinco artigos. Ele recebe 70% do valor gerado pelo Adsense, serviço de publicidade do Google que gera lucro baseado na quantidade de cliques ou de visualizações, tal como o Lomadee;

5. **computadores e internet:** nas horas vagas, para quem tem habilidades com informática, a prestação de serviços nesse ramo é rentável;

6. *dog walker:* passear com cachorros é um bom negócio se você possui tempo disponível e gosta de animais;

7. **música:** o trabalho como DJ nas horas vagas pode render uma grana extra e também será divertido;

8. **loja de roupas:** trabalhar no comércio pode ser um bom negócio para quem gosta do ramo. Sanchotene (2014) apresenta o exemplo da advogada Lilia Mameri, 25 anos, apaixonada por moda e usou que isso a seu favor. Ela sempre quis ter uma loja de roupas "Aproveitei o período da faculdade para pesquisar e fazer cursos. Trabalhei em uma loja até sentir segurança para montar o meu negócio", explicou. A loja de Lilia, Studio 242, fica na Praia do Canto, em Vitória. A experiência é recente no comércio, mas a jovem empresária já conquistou mais de 20 mil seguidores nas redes sociais. "Fico surpresa com esse sucesso na internet, mas tenho certeza de que é o resultado do meu esforço e de muito tempo de pesquisa até a abertura da loja";

9. **estética:** quem faz o curso de estética e cosmética pode começar a oferecer o serviço para pessoas conhecidas. Uma boa dica é investir em um centro de estética;

10. *design* **de joias:** interesse por vendas e criação de joias pode ser um ótimo negócio. Segundo Sanchotene (2014), as empresárias Marcela e Carla Lorenzon, por exemplo, sempre tiveram um dom empresarial. Ainda na faculdade, as primas já demostravam interesse pela área. Marcela Lorenzon começou na faculdade produzindo bijuterias e Carla sempre a ajudou com as vendas. Marcela, depois de formada no curso de Administração, decidiu se especializar no ramo de design de joias e Carla, já formada em Direito, não estava satisfeita com sua profissão. Hoje, as duas são proprietárias da marca de semijoias Au'Affetto, e revendem seus produtos para vários Estados brasileiros. A empresa capixaba foi fundada em abril de 2012.

A vida universitária é cara e não é raro ver estudantes de faculdade procurando oportunidades de levantar dinheiro extra. Em geral, essa prática não é tão complicada, basta que você saiba quais atitudes tomar. Visando auxiliar o universitário nesse sentido, o site Universia (2014) cita cinco estratégias a serem adotadas:

1. **venda seus antigos livros online:** mesmo que não seja fim ou início de semestre, alguém pode estar interessado nos seus livros. Coloque-os à venda na internet e divulgue em suas redes sociais, grupos, etc.;
2. **procure trabalhos no *campus*:** normalmente, as universidades públicas oferecem trabalhos no campus relacionados à sua área de atuação. Antes de buscar outras oportunidades de trabalho, veja se o campus não está com vagas abertas. Isso vai permitir que você dedique tempo para os estudos e pratique o que aprende em aula;
3. **procure estágios:** caso não exista nenhuma vaga para você dentro da universidade, busque estágios fora. Eles podem ajudá-lo a conseguir o dinheiro extra, mas também trazem outros benefícios: você se desenvolve profissionalmente e inicia a sua rede de contatos profissionais (acredito que essa seja uma excelente estratégia a ser adotada, portanto, vale a pena entrar em contato com instituições, como o CIEE, que o auxiliarão a encontrar um estágio);

O Centro de Integração Empresa-Escola (CIEE) é instituição filantrópica, mantida pelo empresariado nacional, de assistência social, sem finalidades lucrativas, que trabalha em prol da juventude estudantil brasileira. O maior objetivo do CIEE, com 50 anos de existência, é encontrar para os estudantes de nível médio, técnico e superior, oportunidades de estágio ou aprendizado, que os auxiliem a colocar em prática tudo o que aprenderam na teoria.

4. **venda coleções antigas:** existe algo que você costumava colecionar e não o faz mais? Podem ser livros, filmes, games, qualquer coisa. Esse tipo de prática é muito comum e você perceberá que existem muitas pessoas interessadas no que você tem para oferecer;

5. **ofereça tutoria:** descubra qual é a matéria em que você tem melhor desempenho e passe a dar aulas particulares sobre o tema. Você pode começar dentro da sua turma mesmo, com aqueles estudantes que apresentam mais dificuldade com o assunto.

O site Universia (2014) fornece ainda outra estratégia interessante aos universitários: "Mesmo que sua universidade venda produtos com a logomarca própria, normalmente eles são muito caros ou padronizados. Por que não fazer uma versão nova e estilizada desses produtos? De modo muito fácil – com *stencils*, adesivos, etc. – você pode customizar camisetas, moletons, garrafas de água, cadernos, bolsas, sacolas de tecido, etc. Seja criativo e desenvolva um produto original, diferenciado. Você pode perguntar aos seus colegas o que eles gostariam de encontrar em um produto desse – que tipo de imagem, frase, estilo – e basear-se nessas dicas para fazer os produtos customizados."

Já que se falou sobre criar renda extra a partir de seu espírito empreendedor, sabia que existem, segundo Carneiro (2014), diversos exemplos de empresas que surgiram devido a pessoas que precisavam aumentar sua renda e montaram seus próprios negócios. Quem sabe não há dentro de você um empreendedor latente?

Segundo Cherobim e Espejo (2010), o Serviço Brasileiro de Apoio às Micro e Pequenas Empresas (SEBRAE) oferece, via Internet, cursos gratuitos e um roteiro de plano de negócios para quem quer planejar a abertura de um empreendimento. Caso se interesse em conhecer mais detalhes, acesse o site <http://www.sebrae.com.br> ou ligue para o número 0800-570-0800, pois buscar ajuda de quem entende de gestão é um grande passo para o sucesso.

Além disso, diversos tipos de cursos superiores poderão proporcionar ao formando a oportunidade de montar um empreendimento próprio. Ao se formar, tais profissionais poderão montar escritórios (contadores, engenheiros e advogados), clínicas (médicos, dentistas e fisioterapeutas) e diversos outros tipos de empreendimentos, cujo segmento de atividade dependerá da profissão adquirida pelo universitário.

Independentemente do curso superior que esteja fazendo, a princípio, trabalhará em alguma organização, como funcionário ou como proprietário. Portanto, é imprescindível que busque adquirir também conhecimentos relacionados à ciência da administração de organizações.

Voltando às estratégias para aumentar suas receitas, caso acredite que não tem perfil para montar um pequeno negócio, mas possui facilidade para se comunicar, que tal se tornar um vendedor autônomo? Há diversas empresas que fazem parcerias com vendedores autônomos, principalmente, no segmento de cosméticos e perfumaria. Desse modo, poderá utilizar seu tempo vago para se dedicar a tal atividade.

Ao se abordar o tema aumento das receitas, Carneiro (2014) comenta que é bom deixar claro que, excluindo-se os prêmios das loterias, não existem soluções mágicas, ou seja, não há meios lícitos para se ganhar dinheiro de forma rápida e fácil. Portanto, é importante que as pessoas fiquem atentas às propostas para participarem de pirâmides financeiras. Segundo Silva (2014), para se identificar uma pirâmide, basta fazer duas perguntas: 1) Qual é o produto ou o serviço que esse negócio fornece? Se a resposta for nenhum, é uma pirâmide; 2) De onde vêm os ganhos? Se a fonte não puder ser claramente identificada, é uma pirâmide. O autor também comenta quatro características das pirâmides financeiras para justificar porque elas não resolverão à necessidade de aumentar as receitas:

- movimentam apenas dinheiro; não fornecem produtos nem serviços. Por causa disso, fogem ao controle dos órgãos do governo e, por isso, são proibidas;
- quem entra primeiro sempre vai ganhar mais do que quem entra depois;
- não se identifica claramente de onde vem o ganho;
- quando chega a um volume grande de associados, chama a atenção do governo e o processo para, deixando muitas pessoas apenas com o prejuízo.

De acordo com Marks (1995), o marketing de rede é um sistema de distribuição ou forma de marketing, que movimenta bens e/ou serviços do fabricante para o consumidor por meio de uma rede de contratantes independentes.

Devemos tomar cuidado para não confundir as pirâmides financeiras com as empresas que trabalham com o conceito de marketing de rede, também conhecido por marketing multinível ou, em inglês, *Multi Level Marketing* (MLM).

No Brasil, existem diversas empresas que utilizam o conceito de marketing de rede para vender seus produtos ou serviços e estão totalmente regularizadas pelos órgãos governamentais. Nelas, segundo Silva (2014), quem entra depois pode ganhar mais do que quem entrou antes e os ganhos dos seus associados são identificados por meio de relatórios periódicos. Pode-se citar como exemplos: Herbalife, Amway, Forever e Mary Kay.

Espero que uma ou mais, dentre as diversas estratégias apresentadas, possam ser efetivamente adotadas por você, visando aumentar sua receita. Para finalizar, vale a pena citar a existência da Bolsa Permanência do PROUNI, que é um benefício criado pelo MEC para os alunos que ganharam a bolsa integral do PROUNI e que precisam trabalhar para se manter na faculdade. Segundo o site Guia da Carreira, essa bolsa foi criada para poder permitir que esses alunos continuem estudando sem precisar trabalhar (ou então para que possam trabalhar menos).

REDUÇÃO DE DESPESAS

Outra forma de você conseguir atingir um superávit financeiro (receitas maiores que as despesas) é adotando estratégias que visem reduzir suas despesas. Na sequência, são apresentadas algumas estratégias fornecidas pelo *site* OZ – Organize:

- **alimentação**: antes de ir ao supermercado, elabore uma lista de tudo o que precisa. Desse modo, evitará gastos desnecessários. Fique atento à disposição dos produtos nas prateleiras: supérfluos e itens mais caros estão, normalmente, sempre ao seu alcance. Lembre-se de que as pessoas têm maior tendência a comprar supérfluos quando vão ao supermercado com fome;

- **vestuário:** não compre por impulso. Pesquise! O mesmo produto pode, por vezes, ser encontrado em diversas lojas por preços diferenciados. Cuidado com as promoções. Nem sempre elas são tão vantajosas quanto se apresentam;

- **mensalidades (escolares, convênios, clubes etc.):** atente-se às cláusulas referentes às datas de vencimento dos pagamentos, assim como às penalidades previstas em contrato. Procure, se possível, adequar os vencimentos a datas posteriores a do recebimento de suas receitas;

- **lâmpadas:** aproveite a iluminação natural, abrindo cortinas e janelas. Locais que não estão sendo usados dispensam lâmpadas acesas. Lembre-se de que pinturas escuras dentro de casa exigem mais iluminação, gerando maior consumo de energia. Em locais de grande circulação (cozinha, área de serviço, banheiro) procure utilizar lâmpadas fluorescentes, que duram mais e reduzem o gasto com energia;

- **geladeira e *freezer*:** mantenha o aparelho desencostado de móveis ou paredes, em local arejado e distante de fontes de calor (fogão, luz solar, etc.). Evite o abre e fecha das portas que provoca grande consumo de energia e não a deixe aberta por longo tempo. Descongele periodicamente. No inverno, regule o termostato do equipamento na menor potência, pois, nesse período, a temperatura não precisa permanecer tão baixa. Saiba que não se deve pendurar roupas na parte traseira do refrigerador. Verifique se a borracha de vedação da porta está em perfeito estado. Não coloque alimentos quentes no interior da geladeira, nem forre prateleiras com toalhas, tábuas, plásticos etc., que prejudicam a circulação do ar frio. Siga, rigorosamente, as orientações fornecidas pelo fabricante do aparelho;

- **ferro de passar:** acumule a maior quantidade possível de roupas e passe-as de uma só vez, evitando ligar o ferro constantemente. Siga a temperatura indicada para cada tipo de tecido. Primeiramente, passe as peças que necessitam de baixas temperaturas e vá regulando o aparelho à medida que os tecidos forem necessitando de mais calor para serem desamassados. Antes de terminar o trabalho, desligue o ferro, aproveitando o calor restante para passar peças leves e pequenas;

- **chuveiro elétrico:** evite banhos demorados. Limpe os orifícios de saída de água regularmente. Mude a chave do chuveiro de inverno para verão nos dias quentes. Faça isso com o aparelho desligado;

- **televisão:** desligue o aparelho quando ninguém está assistindo e não durma com a TV ligada. Caso o aparelho disponha de *timer*, programe-o adequadamente;

- **máquinas de lavar e secar:** utilize-as em sua capacidade máxima, porém, sem sobrecarregá-las. Mantenha os filtros limpos. No caso das lavadoras, a quantidade de sabão deve ser adequada, de acordo com o indicado pelo fabricante. Mantenha o nivelamento dos aparelhos em relação ao chão;

- **telefone:** procure utilizá-lo racionalmente. Ligações mais demoradas e/ou interurbanas ficarão mais baratas se feitas em horários de tarifas reduzidas. Informe-se junto às operadoras e pesquise quais são esses horários. Lembre-se de que as ligações em aparelhos celulares possuem tarifas mais elevadas. A utilização da internet pode ocasionar aumento significativo no valor da conta telefônica. Estabeleça limites para o uso e verifique os horários que apresentam tarifas mais baratas;

- **água:** mantenha as torneiras sempre bem fechadas e verifique regularmente se não há vazamentos. Utilize a água racionalmente para lavar roupas, louças, limpeza e banho;

- **aluguel e condomínio:** procure não comprometer mais do que 1/3 de seu orçamento com o aluguel e condomínio. Não atrase o pagamento dessas despesas, evitando juros e multas. Participe regularmente das assembleias de condomínio;

- **impostos:** o IPVA, IPTU e outros, devem ser considerados na elaboração de seu orçamento. Contribuições a órgãos de classe e compromissos com instituições assistenciais não podem ser esquecidas e devem ser relacionados.

De acordo com o site OZ – Organize, economizar em pequenas coisas faz uma grande diferença em seu orçamento no final do mês, por isso, tente mudar sua rotina habituando-se, por exemplo, a apagar a luz toda vez que sair de um recinto, a fechar bem a torneira, para que ela não fique pingando, a diminuir a chama do fogão quando os alimentos começam a ferver, a pesquisar preços antes de comprar qualquer produto ou contratar serviços.

Além das estratégias apresentadas, que são mais direcionadas à família como um todo, também vale a pena observar algumas outras, listadas pelo site Saber Poupar, que são direcionadas mais especificamente aos universitários, principalmente para aqueles que estão morando fora de casa:

- embora seja sempre bom viver sozinho, partilhar uma casa com outros colegas é uma excelente forma de diminuir as despesas de renda, água, luz e gás. De todos os tipos de alojamento, as residências universitárias são as mais econômicas;
- ainda em termos de renda, saiba que quanto mais perto da universidade, mais caras são as casas;
- informe-se junto da sua instituição financeira bancária, qual a melhor conta para um estudante universitário e quais as principais vantagens;
- sempre que puder, traga alimentos ou outras coisas da casa dos seus pais – se a sua mãe oferecer, aproveite;
- quando for às compras, opte pelas "marcas brancas", em termos de apresentação e paladar são iguais às "grandes marcas", a única diferença são as embalagens, o que explica o fato de serem sempre mais baratas;
- sempre que possível, faça as refeições em casa. Se tiver de comer fora, escolha a cantina – oferece as refeições mais baratas da universidade e arredores;
- não compre mais do que vai consumir durante a semana (principalmente se volta para casa dos pais todos os fins de semana), até porque comida estragada é dinheiro jogado fora;
- aprenda a comer bem e barato – existem inúmeras receitas *online* que lhe ensinam a fazer isso;
- combine com os colegas de casa que cada um faz um jantar por noite para os restantes – é uma excelente forma de poupar tempo e dinheiro;

- quando viajar, escolha sempre os transportes públicos e não se esqueça de dizer que é estudante, pois as tarifas são mais baratas;
- quando for para casa dos pais no fim de semana, tente descobrir alguém que possa lhe dar uma carona;
- em vez de instalar internet em casa, usufrua dela na universidade e em todos os locais onde existe internet *wireless* grátis;
- aproveite ainda a internet para fazer telefonemas via Skype e fale com seus pais e amigos gratuitamente;
- quando houver festas de aniversário, não se sinta obrigado a comprar um presente, pois todos sabem que é estudante! Caso não tenha saída, procure dividir esse presente com amigos ou familiares;
- pague sempre as contas dentro do prazo, pois, do contrário, terá que pagar multas e juros de mora;
- fazer festas em casa com os amigos – onde todos trazem um prato ou bebida – fica muito mais barato do que sair e é igualmente divertido;
- para qualquer tipo de entretenimento que esteja programando ir – museus, cinema, festas, etc. – pergunte se existe desconto para estudante;
- esteja sempre atento aos boletins informativos da universidade – pode encontrar um sem número de cursos, *workshops*, palestras, peças de teatro ou concertos grátis ou a baixo preço.

Além de adotar as estratégias apresentadas, que visam, em sua maioria, reduzir as despesas fixas, o universitário não pode se esquecer, segundo Carneiro (2014), das despesas imprevistas e sazonais.

> É necessário que seja sempre reservada uma parcela das receitas para as despesas imprevistas que podem ocorrer, como: a compra de remédios, a necessidade de adquirir um presente, um pequeno reparo em um eletrodoméstico ou ainda um *happy hour* com os amigos.

Alguns autores sugerem que seja orçado, mensalmente, 5% da receita para arcar com as despesas imprevistas. As despesas sazonais como compra de presentes em datas comemorativas (dia dos pais, das mães, dos namorados, da criança, Natal, Páscoa, etc.), também devem ser consideradas, pois podem representar um valor substancial no orçamento, portanto, não se esqueça de orçá-las.

ORGANIZAÇÃO E DISCIPLINA

Segundo Afonso (2014), com boa vontade, disciplina e um pouco de organização o controle do orçamento é algo muito fácil e que proporciona um resultado bastante satisfatório, logo no primeiro mês de sua utilização.

Sant'Anna (2014) comenta que a melhor forma de manter as contas de uma pessoa no azul é seguir um orçamento. Essa tarefa, porém, não é simples: exige empenho, disciplina e, em muitos casos, cortes de despesas. "Existe uma receita que não falha: amarrar um barbante na escova de dentes e, na outra ponta, amarrar uma caderneta. Assim, todos os dias antes de dormir, você se lembrará de anotar as despesas do dia", brinca o professor da Fundação Getúlio Vargas (FGV), Luís Carlos Ewald, autor do livro *Sobrou dinheiro!*. Ewald afirma que é preciso força de vontade e muita disciplina para que a organização do orçamento funcione. "Toda dieta é boa, desde que seja feita", alerta. Mas, apesar das dificuldades, o professor afirma que o esforço é compensador. "Não é fácil, mas quando dá certo, dá uma sensação de vitória."

Diante dos diversos argumentos citados, espero que esteja convencido que o orçamento é realmente uma excelente ferramenta para planejar e controlar a vida financeira de uma pessoa ou família. Porém, é bom deixar claro que nenhuma ferramenta exerce sua função se não for utilizada corretamente.

Para que o orçamento seja realmente eficaz, é preciso que todos os membros da família façam sua parte, ou seja, é preciso que sejam organizados e disciplinados. Não se esqueça que, como universitário, você ainda não é totalmente independente, portanto, deve participar do processo orçamentário de sua família.

Mesmo que não seja uma pessoa muito organizada, financeiramente falando, acredito que os conceitos apresentados até o momento, em conjunto com o modelo de planilha orçamentária fornecido no Capítulo 2, serão muito úteis para organizar melhor sua vida financeira. Porém, há outro fator que depende única e exclusivamente de você e dos demais membros de sua família: a disciplina. Nunca se esqueça do conselho fornecido pelo professor Ewald: "É preciso força de vontade e muita disciplina para que a organização do orçamento funcione."

PLANEJAMENTO ESTRATÉGICO PESSOAL

O orçamento, como é projetado para o período de um ano, é considerado um instrumento de planejamento de curto prazo. Porém, é necessário também fazer um planejamento de longo prazo, mais conhecido como planejamento estratégico.

Lunkes (2009) comenta que o planejamento estratégico de uma empresa é definido para um período longo, normalmente de cinco ou mais anos, e deve abranger três principais pontos:

1. elaborar um diagnóstico estratégico, por meio de uma análise interna, visando identificar pontos fortes e fracos, e uma análise externa, visando identificar ameaças e oportunidades;
2. decidir para onde ela irá e definir objetivos;
3. desenvolver estratégias para alcançar os objetivos definidos.

Sanvicente e Santos (1983) lembram que deve ser o planejamento de longo prazo (estratégico) que deve fornecer as premissas (orientações básicas) para se dar início ao planejamento de curto prazo (orçamento).

Ao se apresentar tais considerações sobre a relação entre o orçamento empresarial e o planejamento estratégico, mais uma vez vem à tona a importância de as pessoas gerirem seus recursos financeiros de forma mais profissional, como se fossem uma empresa.

Além de elaborar o orçamento, as pessoas devem elaborarem seu planejamento estratégico.

Segundo Santana (2014), o planejamento estratégico pessoal visa delinear um norte à vida do indivíduo, onde as metas devem ser estabelecidas e guiadas pelas crenças, expectativas e análise geral de cada pessoa, de tal forma que enriqueça o desenvolvimento e sucesso nos negócios e na vida pessoal.

Assim como nas empresas, a elaboração do planejamento estratégico pessoal requer um método composto por várias etapas, tais como: análise interna; análise externa; definição da missão, da visão, de objetivos e estratégias; a implantação da estratégia e o monitoramento e controle.

Depois de pronto, o planejamento estratégico pessoal ajudará o indivíduo a definir os tipos e os valores de suas despesas. Para que esse conceito fique mais claro, segundo Carneiro (2014), basta imaginar que uma pessoa, ao definir em seu planejamento estratégico o objetivo de buscar um aperfeiçoamento profissional, deverá destinar recursos em seu orçamento para arcar com despesas de treinamento ou com a mensalidade de um curso superior. Ao se observar tal exemplo, fica claro que, assim como nas empresas, deve ser o planejamento de longo prazo (planejamento estratégico pessoal) que deve fornecer as premissas para se dar início ao planejamento de curto prazo (orçamento).

É desnecessário discutir a complexidade da vida moderna. Todos nós sabemos o quanto somos bombardeados por estímulos e oportunidades por todos os lados. Sobre essa situação externa, ainda temos a nossa própria condição interna de desejar conquistar muitas coisas e termos dificuldades para escolher o que fazer, principalmente o que fazer primeiro, e ainda como fazer o que queremos. O planejamento estratégico pessoal é o antídoto natural para dominar essa situação, ele nos obriga a separar o joio do trigo, nos focar no que é mais importante e pragmático em nossas vidas, aqui e agora, e nos oferece as ferramentas para que possamos nos organizar para conquistar nossos objetivos sem perder tempo e sem desperdiçar esforços e outros recursos (CHRISTY, 2014).

Capítulo 4

GESTÃO DO RELACIONAMENTO COM O MERCADO FINANCEIRO

CONCEITO E CARACTERÍSTICAS DO MERCADO FINANCEIRO

No mercado financeiro se compra e vende-se dinheiro, e também alguns tipos de papéis, que podem ser facilmente convertidos em dinheiro nesse mesmo mercado. Um dos papéis mais conhecidos são as ações, que são ofertadas pelas Sociedades Anônimas (S/A) de capital aberto e compradas por investidores. Segundo Rudge e Cavalcante (1993), o mercado financeiro é composto por três participantes (Quadro 4.1).

QUADRO 4.1. Participantes do mercado financeiro

Tomadores finais	São aqueles que se encontram em posição de *deficit* financeiro, isso é, aqueles que pretendem gastar (em consumo e/ou investimento) mais do que sua renda
Ofertadores finais	São aqueles que se encontram em posição de superávit financeiro, isso é, aqueles que pretendem gastar (em consumo e/ou investimento) menos do que sua renda
Sistema financeiro nacional	É o conjunto de instituições e instrumentos financeiros que possibilitam a transferência de recursos (dinheiro) dos ofertadores finais para os tomadores finais, e criam condições para que os "papéis" tenham liquidez no mercado financeiro

É imprescindível que existam tais instituições no mercado financeiro, pois, do contrário, os ofertadores e os tomadores não conseguiriam realizar sozinhos suas transações de compra e venda de dinheiro e de títulos (papéis). Além disso, também é imprescindível que existam instrumentos financeiros, ou seja, regras e procedimentos para que tais transações sejam realizadas com segurança e transparência.

Didaticamente, conforme pode ser observado na Figura 4.1, o sistema financeiro nacional pode ser subdividido em três grandes subsistemas:

- normativo;
- apoio;
- intermediação.

FIGURA 4.1. Estrutura do Sistema Financeiro Nacional.
Adaptado de: Assaf Neto (2005, p.81).

Para que possa assimilar com mais facilidade os conceitos que serão apresentados nos próximos itens desse capítulo, torna-se importante conhecer com mais detalhes um desses subsistemas: o subsistema de intermediação.

Instituições financeiras bancárias

De acordo com Assaf Neto (2005), englobam os Bancos Comerciais, Bancos Múltiplos e Caixas Econômicas, conforme o Quadro 4.2.

QUADRO 4.2. Instituições financeiras bancárias do subsistema de intermediação

Bancos comerciais	Executam operações de crédito caracteristicamente de curto prazo (exemplo: cheque especial), atendendo, dessa maneira, às necessidades de recursos para capital de giro das pessoas físicas e jurídicas. Além disso, prestam diversos outros tipos de serviços, tais como: pagamento de cheques, transferência de fundos, cobranças diversas, etc.
Bancos múltiplos	Na verdade, são várias instituições do mesmo grupo econômico agrupadas em uma única instituição financeira com personalidade jurídica própria, visando à redução de custos operacionais
Caixas econômicas	São instituições públicas cujo principal objetivo é conceder financiamentos para programas e projetos que contribuam com o desenvolvimento da sociedade. Além disso, também prestam os mesmo serviços que um banco comercial

Instituições financeiras não bancárias

Segundo Assaf Neto (2005), as instituições financeiras não bancárias englobam diversos tipos de instituições, tais como: bancos de investimentos; sociedades de crédito, financiamento e investimento; sociedades de arrendamento mercantil e cooperativas de crédito, detalhados a seguir:

- os bancos de investimentos têm como função principal conceder empréstimos e financiamentos para pessoas jurídicas, objetivando a aquisição de capital de giro (estoques) ou capital fixo ("imobilizado", ou seja, móveis, imóveis, veículos entre outros). Também são especializadas em preparar empresas para a abertura do capital junto à Bolsa de Valores (venda de ações);

- as sociedades de crédito, financiamento e investimento são mais conhecidas no mercado pelo nome de financeiras e se

O subsistema de intermediação é composto por instituições que atuam em operações de intermediação financeira, por isso, também é conhecido como subsistema operativo. Didaticamente, de acordo com características semelhantes que possuem, as instituições que compõem esse subsistema podem ser classificadas, baseando-se em Assaf Neto (2005), em quatro categorias, que são apresentadas na sequência.

dedicam ao financiamento de bens duráveis às pessoas físicas por meio de uma operação de crédito conhecida por Crédito Direto ao Consumidor (CDC). Também oferecem uma operação de empréstimo conhecida pelo nome de crédito pessoal;

- já as sociedades de arrendamento mercantil são mais conhecidas como empresas de *leasing* e financiam, por meio de um contrato de arrendamento (aluguel), a compra de bens, como máquinas, equipamentos e veículos;

- cooperativas de crédito, por sua vez, são instituições voltadas a viabilizar créditos a seus associados, além de prestar determinados serviços.

Instituições auxiliares

O Quadro 4.3 apresenta alguns exemplos de instituições auxiliares.

QUADRO 4.3. Instituições financeiras bancárias do subsistema de intermediação

Bolsas	Por meio de um acordo, firmado em agosto de 2000, todas as bolsas de valores brasileiras foram integradas em uma só: a Bolsa de Valores de São Paulo (BOVESPA). Até agosto de 2007, era uma associação civil sem fins lucrativos. A partir de tal data, tornou-se uma Sociedade Anônima. Em maio de 2008, ocorreu a integração da Bovespa Holding S/A e da Bolsa de Mercadorias & Futuros-BM&F S/A, dando origem à BM&FBOVESPA – Bolsa de Valores, Mercadorias e Futuros. Em março de 2017, a partir da combinação de atividades da BM&FBOVESPA com a Central de Custódia e Liquidação Financeira de Títulos (CETIP), empresa prestadora de serviços financeiros no mercado de balcão organizado, foi criada a B3. A B3 S/A – Brasil, Bolsa, Balcão é uma das maiores empresas provedoras de infraestrutura para o mercado financeiro do mundo em valor de mercado, oferecendo serviços de negociação (bolsa), pós-negociação (*clearing*), registro de operações de balcão e de financiamento de veículos e imóveis
Corretoras de valores	Sociedade habilitada a negociar ou registrar operações com valores mobiliários negociados em bolsas de valores (debêntures, *comercial papers* e ações)
Corretoras de mercadorias	Sociedade habilitada a negociar ou registrar operações com contratos derivativos negociados em bolsas de mercadorias e futuros

Instituições não financeiras

São instituições que, apesar de não serem consideradas instituições financeiras, exercem papel importante no mercado financeiro. Englobam as sociedades de fomento comercial – *factorings*, as companhias seguradoras e as administradoras de cartão de crédito:

As instituições auxiliares são instituições que "auxiliam" e viabilizam a existência do mercado de capitais e de derivativos, ou seja, do mercado onde são negociados os valores mobiliários (debêntures, *commercial papers* e ações) e os contratos derivativos (mercadorias e futuros).

- as sociedades de fomento comercial, *factorings*, são empresas comerciais (não financeiras) que adquirem recebíveis (duplicatas e cheques pré-datados) de pessoas jurídicas. A *factoring* antecipa o montante do recebível para seu cliente, descontando um valor que é calculado por meio da cobrança de uma taxa de juros;
- já as companhias seguradoras estão consideradas no sistema financeiro pelo fato de terem a obrigação de aplicar parte de suas reservas técnicas no mercado de capitais. São instituições que, mediante o recebimento de um valor cobrado dos segurados, garantem a cobertura financeira do objeto selecionado para o seguro;
- as administradoras de cartão de crédito, por sua vez, prestam serviços de intermediação entre os consumidores e as empresas do setor varejista. O consumidor titular do cartão de crédito paga anuidade à administradora e a empresa "varejista" paga uma comissão sobre os valores vendidos por intermédio do cartão de crédito.

INSTITUIÇÕES FINANCEIRAS E ORÇAMENTO PESSOAL

Conforme já descrito, as pessoas devem cuidar de suas finanças de modo mais profissional, como se fossem uma empresa. Partindo desse princípio, serão apresentados

Faça a leitura do QR Code e assista o vídeo: *CDC e as Propagandas Semienganosas*, no Canal do Editor.

alguns comentários sobre a importância das instituições financeiras bancárias (bancos) para as empresas. Posteriormente, serão feitas algumas analogias e comentários referentes às pessoas físicas.

Instituições financeiras e empresas

Atualmente, para a imensa maioria das empresas, a quantidade de dinheiro que circula pelas contas correntes bancárias é muito maior que a quantidade que circula pelo caixa interno, ou seja, a maioria dos pagamentos e dos recebimentos é feita por meio dos bancos e não por meio do caixa interno que a empresa possui.

Para que esse conceito fique mais claro, segundo Carneiro (2014), basta imaginar que, quando pagamos alguma conta, proveniente de algum produto que compramos ou de algum serviço que nos foi prestado, na maioria das vezes, o pagamento é feito por meio de um boleto bancário, portanto, não precisamos nos deslocar à empresa para efetuar o pagamento.

Manter relações bancárias fortes é um dos elementos mais importantes em um sistema eficaz de gerenciamento do caixa. Bancos se tornaram realmente conscientes da lucratividade de contas de sociedades anônimas e, em anos recentes, desenvolveram um número de serviços inovadores para atrair negócios. Os bancos não são mais somente lugares para estabelecer contas correntes e obter empréstimos; no lugar disso, eles se tornaram a fonte de uma variedade de serviços de gerenciamento de caixa (GITMAN, 2001, pág. 504).

Instituições financeiras e pessoas físicas

Atualmente, do mesmo modo como ocorre nas empresas, a circulação de dinheiro das pessoas físicas ocorre muito mais pela conta bancária do que pelo bolso propriamente dito. Isso ocorre por vários motivos, tais como:
- o aumento nos índices de criminalidade faz com que as pessoas evitem andar com muito dinheiro consigo ou mesmo guardá-lo em casa;
- os produtos bancários oferecem comodidade aos clientes (pagamentos via débito direto em conta corrente, cartões de débito e de crédito, crédito do salário direto em conta corrente, etc.).

É imprescindível que as pessoas saibam se relacionar, de forma satisfatória, com os bancos.

Relacionar-se de maneira satisfatória com os bancos é uma tarefa importante, e para que isso ocorra, é indispensável que o cliente siga algumas dicas. No Quadro 4.4, são apresentadas as dicas formuladas pelo economista Humberto Veiga, divulgadas por meio do site *InfoMoney* (2014a).

Quadro 4.4. Dicas para se relacionar de maneira satisfatória com os bancos

Relacionar-se bem com seu gerente	É importante saber aproveitar as funções do gerente bancário. Por conta da abundância de tecnologia com *call centers* e *costumer services*, os usuários passaram a buscar menos o gerente. "Isso não deveria ser assim. Um bom gerente pode ser a 'salvação da lavoura'", comenta o especialista, que aconselha os clientes a procurar conhecer seu gerente
Investimentos	As leis defendem os usuários, afirmando que os bancos devem oferecer o que há de melhor para o cliente e não focar somente nos interesses da própria instituição, ou seja, o consumidor tem o direito de saber quais formas de investimento são mais rentáveis para o seu bolso
Comparar e pechinchar	Engana-se quem pensa que banco não é como uma loja qualquer, não sendo viável a prática da pechincha. Veiga adverte sobre a importância de pesquisar os serviços em mais de uma instituição e ser sincero com o gerente, relatando sobre sua busca por serviços que tenham melhor custo *versus* benefício e tirando todas as dúvidas a respeito de tudo o que envolve as diversas operações
Controlar a ansiedade	Veiga diz que o crédito é uma máquina do tempo, fazendo com que coisas que somente poderiam ser realizadas ou adquiridas no futuro sejam feitas no presente. O crédito é um serviço financeiro e não um simples produto, portanto, é necessário muito cuidado quando for levá-lo para casa, principalmente, em relação à ansiedade que muitas pessoas carregam. "Você tem que pesquisar onde ele é mais barato e quais são as opções para conseguir recursos baratos", orienta o economista

Gerenciamento do orçamento pessoal

Como um dos principais temas abordados nessa obra é o orçamento, é importante lembrar que os bancos possuem produtos e serviços que podem auxiliar a geri-lo de uma maneira mais eficaz. Diante de tal afirmação, sugere-se que as pessoas procurem conhecer os produtos e serviços oferecidos pelos bancos e analisar quais se encaixam em seu perfil.

Fundo de investimento com resgate automático

Para exemplificar um modo de gerenciamento do orçamento pessoal será apresentado o fundo de investimento com resgate automático.

Assim como as empresas, as pessoas físicas também não deveriam deixar dinheiro parado em suas contas correntes, pois, além de não ganharem nada com isso, tais recursos serão corroídos pela inflação. Portanto, o saldo ideal, a ser mantido em nossas correntes bancárias, deveria ser zero.

Porém, como é necessário pagar várias contas durante o mês, em datas diferentes, como será possível deixar um saldo igual a zero?

Para contornar tal problema, segundo Carneiro (2014), quando o salário do indivíduo for depositado em sua conta corrente, deverá ser aplicado em um fundo de investimento com resgate automático, que é um tipo de aplicação financeira oferecido pela grande maioria dos bancos, vinculado à conta corrente. Portanto, caso o salário seja aplicado nesse tipo de fundo, não será necessário deixar nenhum valor parado na conta corrente, ou seja, o saldo será sempre igual a zero.

Ao longo do mês, à medida que as despesas forem sendo pagas por meio da conta corrente, o sistema de computador do banco resgatará do fundo de investimento o valor necessário para cobrir o montante da despesa paga, que tornaria o saldo negativo. Desde que haja dinheiro aplicado no fundo, o saldo da conta corrente nunca ficará negativo, apesar de ser zero, pois o sistema de computador do banco fará, no final do dia, automaticamente, o resgate do valor que o tornaria negativo.

Ao manter seus recursos financeiros aplicados em um fundo de investimento com resgate automático, além de reduzir a perda com o dinheiro que ficaria parado, o indivíduo ainda ganhará juros.

Cooperativas de crédito

Atualmente, as cooperativas de crédito oferecem aos seus cooperados a imensa maioria dos serviços que são oferecidos pelos bancos comerciais. Portanto, antes de abrir uma conta corrente em um banco comercial, vale a pena conhecer os tipos de serviços que são oferecidos pelas cooperativas de crédito.

Souza e Meinem (2010) comentam que para se entender a diferença entre as cooperativas de crédito e os bancos, é preciso responder uma pergunta:

- *Quais são, respectivamente, as origens e os objetivos dessas instituições financeiras?*

Tais autores afirmam que a cooperativa de crédito nasce da vontade e da necessidade de um grupo de pessoas, que se congregam para a troca de soluções. Já os bancos comerciais surgem da vontade do dono do capital, sem qualquer consulta ao usuário, com o objetivo de ampliar o capital investido.

Na prática, Souza e Meinem (2010) afirmam que essa diferença de interesses reflete em vários benefícios para os clientes das cooperativas de crédito, conforme elencado no Quadro 4.5.

QUADRO 4.5. Benefícios para os clientes das cooperativas de crédito

Isenção total de tarifas (manutenção da conta, TED, DOC, talões de cheque, etc.)
Crédito com excelentes taxas
Horário de atendimento ampliado: de segunda a sexta, das 8h às 17h
Financiamentos sem cobrança do Imposto sobre Operações Financeiras (IOF) diário e da Taxa de Abertura de Crédito (TAC)

Com relação às cooperativas de crédito, vale a pena comentar que elas devolvem aos cooperados, anualmente, parte do que desembolsaram durante o exercício, de acordo com sua movimentação. Outra diferença é o fato de o cooperativismo de crédito possibilitar que os recursos gerados em cada localidade aí permaneçam em circulação, gerando empregos, renda e desenvolvimento.

Bancos digitais: fintechs

Além dos bancos comerciais e das cooperativas de crédito, surgiu uma nova modalidade de instituição no sistema financeiro nacional, chamadas de *fintechs*, abreviação para *financial technology*, e também conhecidas como bancos digitais.

As *fintechs* se tratam de empresas que unem finanças e tecnologia para oferecer de conta corrente a investimentos. Elas usam tecnologia de forma intensiva e oferecem serviços financeiros com métodos diferenciados e muito mais práticos e seguros dos que os já existentes.

Segundo o site Organizze (2018), a tendência vem crescendo no Brasil, como mostra o aumento da procura pelas contas digitais como o Nubank, o Banco Inter e o Banco Original, fazendo com que bancos tradicionais entrem no segmento como o Bradesco com o Next, o Banco do Brasil com a Conta Fácil, o Santander com a Superdigital e o Itaú com a iConta.

Vantagens das fintechs

É recorrente a reclamação de mau atendimento dos bancos tradicionais, com muita burocracia para realizar movimentos simples, custos com taxas e lotação. Enquanto os bancos enxergaram a internet como uma forma de redução de custos, as *fintechs* focam em proporcionar uma melhor experiência para o cliente.

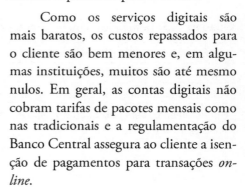

A conta digital é indicada para clientes que necessitam integralmente dos meios eletrônicos para realizar transações. Pessoas físicas e jurídicas, inclusive microempreendedores individuais, que não têm tempo a perder e precisam de soluções rápidas para efetuar pagamentos, cobranças e outras operações. Dentre os serviços adicionais oferecidos há a realização de compras por cartão de débito, envio de boletos por e-mail e SMS, armazenamento de boletos no sistema, recibos de pagamentos e planejamento de reserva financeira.

Como os serviços digitais são mais baratos, os custos repassados para o cliente são bem menores e, em algumas instituições, muitos são até mesmo nulos. Em geral, as contas digitais não cobram tarifas de pacotes mensais como nas tradicionais e a regulamentação do Banco Central assegura ao cliente a isenção de pagamentos para transações *online*.

A isenção de taxa de serviços mensais já é um ponto positivo para economizar com as contas digitais. E por estar tudo sob controle eletrônico, é muito mais fácil estar sempre atento as movimentações, como prazos, datas de pagamento e taxas. Um grande facilitador para controlar os gastos e investimentos integralmente.

Desvantagens das fintechs

Uma das desvantagens de uma conta digital é a restrição de transações para serem realizadas somente por canais eletrônicos. Elas só podem ser realizadas via *smartphone*, *tablets* e computadores e *internet banking*, mas caso haja necessidade de algum procedimento presencial, poderá ser cobrada uma tarifa por serviço realizado. Em geral, essas cobranças são bem mais salgadas que as tradicionais.

Também não há emissão de talão de cheques para contas digitais, que tem a concepção de ser totalmente eletrônica. Os bancos estão oferecendo diversas formas de facilitar o pagamento de contas, inclusive com pulseiras eletrônicas e cartões virtuais. Essa ação também é uma tendência do mercado, que raramente aceita receber pagamentos por cheques, com receio das fraudes, falsificações e roubos que foram crescentes com essa forma de pagamento.

Para realizar saques, o cliente tem à disposição os bancos 24 horas e podem realizar transferências bancárias tanto para a mesma instituição quanto para outras, de modo *online*. Os pagamentos de contas, consultas de saldos, extratos e lançamentos futuros também podem ser realizados *online*.

 Caso queira conhecer, com maior profundidade, quais são as vantagens dos serviços oferecidos pelas principais *fintechs* que estão atuando no Brasil, assim como os cuidados a serem levados em conta se for utilizá-los, acesse o link: https://www.uol/economia/especiais/fintechs.htm#fintechs-de-cartoes

Dicas para solucionar problemas com instituições financeiras

Quem nunca teve problemas com uma instituição financeira? Segundo Martins (2018), cobranças indevidas e falta de informações importantes sobre produtos são alguns dos exemplos mais comuns.

 Na hora de reclamar, o primeiro cuidado é não procurar o gerente do própria instituição, diz o Instituto Nacional de Defesa do Consumidor (Idec). "Por mais bem-intencionado que seja, o gerente é pressionado a atingir metas", diz Ione Amorim, economista da entidade. A recomendação é acionar outros canais de atendimento.

A seguir, será apresentado o passo a passo para registrar suas queixas oriundas de problemas com instituições financeiras.

1. **Ligar para o SAC**

O Serviço de Atendimento ao Consumidor (SAC) deve ser o primeiro canal procurado na hora de reclamar. Por lei, toda instituição financeira precisa ter uma linha de telefone 0800, disponível 24 horas por dia, sete dias por semana. A ligação é gratuita de telefone fixo e celular e todas as ligações são gravadas.

Ao registrar a reclamação no SAC, você receberá um número de protocolo, sendo fundamental guardá-lo, tanto para ter acesso a essa ligação no futuro como para dar prosseguimento à reclamação. Segundo Ione, o SAC tem um prazo de 5 dias úteis para dar resposta ao consumidor.

O cliente pode pedir a gravação da conversa, elas devem ficar guardadas por pelo menos 90 dias, segundo as regras para o SAC. Caso necessite juntar provas, entre em contato com o próprio 0800 e solicite a gravação. As instituições financeiras devem manter o registro eletrônico do atendimento por no mínimo dois anos após a solução do problema.

2. **Buscar a ouvidoria**

Regulamentada pelo Banco Central, a ouvidoria é a instância da instituição financeira que tem mais poder para resolver os problemas dos clientes. Seu papel é cuidar para que esse relacionamento seja o melhor possível. A ouvidoria, aliás, faz a gestão do SAC. Ela deve ser o próximo passo, caso o SAC não tenha resolvido o problema em até cinco dias úteis.

Ao ligar, lembre-se de ter em mãos o número de protocolo fornecido no SAC. A ouvidoria também fornece um protocolo e se compromete a dar uma solução ao problema em até dez dias úteis. Um erro, segundo Ione, é falar apenas com o SAC e usar as redes sociais para reclamar.

3. **Registrar queixa no Banco Central**

Também vale a pena enviar a reclamação ao Banco Central, órgão responsável por regular e fiscalizar as instituições financeiras. Isso pode ser feito pelo site ou pelo telefone 145 (de segunda a sexta, das 8h às 20h; é cobrada tarifa de ligação local). Para reclamações, é preciso digitar a opção 8. Já a opção 6 vale para informações sobre cobranças indevidas.

O BC não resolverá o seu problema, pois não pode atuar em casos específicos de consumidores. Mesmo assim, é importante denunciar, porque isso ajuda o BC a fiscalizar o sistema financeiro, segundo especialistas. Além disso, contribui para elaboração do *ranking* das instituições financeiras que mais recebem reclamações, divulgado mensalmente pelo BC.

Só assim é possível mapear os problemas para aperfeiçoar e desenvolver ações que melhorem o relacionamento com os clientes.

4. Reclamar no Procon de sua cidade

Não teve seu problema resolvido? Vá atrás dos seus direitos no Procon da cidade onde mora. No site do Ministério da Justiça é possível encontrar o endereço e o contato dos Procons em todo o Brasil. Esse contato pode ser feito pelo telefone ou pessoalmente. No caso de São Paulo, além do telefone, o Procon oferece atendimento a distância, basta entrar no *link* e escolher uma das opções:

- atendimento eletrônico;
- Facebook;
- Twitter;
- caixa postal.

"Ao reclamar, o Procon vai negociar com a instituição financeira, que tem até 10 dias para dar a resposta ao cliente", diz Renata Reis, coordenadora do Procon-SP. Se a instituição financeira não responder nesse prazo, o órgão de defesa do consumidor abre um processo administrativo, que pode demorar 120 dias para chegar ao final. Se ganhar, o Procon pode multar a instituição financeira.

 O ideal, segundo os especialistas, é seguir os passos, ou seja, só depois de esgotadas as tentativas com o SAC e a ouvidoria, o próximo recurso é o Procon.

5. Recorrer à Justiça

Se nada disso funcionar, o consumidor pode entrar com uma ação na Justiça. Para isso, é necessário separar toda a documentação que comprove o problema e os passos que deu, com as provas em mãos, procure os seguintes juizados:

- Juizado Especial Cível (antigo Juizado de Pequenas Causas), que aceita causas de até 40 salários mínimos (R$ 38.160,00) – nas causas abaixo de 20 salários (R$ 19.080,00), não é preciso ter advogado, ou;

- Juizado Especial Federal, onde o limite é maior, de até 60 salários mínimos (R$ 57.240,00).

Para valores maiores, será preciso entrar com processo na Justiça comum. Nesse caso, é preciso procurar um advogado.

Nos próximos dois itens desse capítulo serão apresentados conceitos, características e dicas de como utilizar, da melhor maneira possível, os dois principais tipos de serviços oferecidos pelas instituições financeiras:

- o fornecimento de recursos financeiros, feito por meio de empréstimos e financiamentos;
- a captação de recursos financeiros, feito por meio das operações de investimentos.

EMPRÉSTIMOS E FINANCIAMENTOS

Sempre que ocorre algum acidente violento no trânsito, em que houve algum tipo de imprudência do motorista, ouve-se dizer que os veículos são armas. Na verdade, os veículos são um meio de locomoção maravilhoso e, atualmente, é muito difícil imaginar nossas vidas sem eles. Porém, caso não sejam utilizados da maneira correta, podem, efetivamente, tornar-se armas letais.

Esse mesmo raciocínio, de acordo com Carneiro e Matias (2010), pode ser utilizado para os principais tipos de empréstimos e financiamentos oferecidos pelas instituições financeiras:

- cheque especial;
- cartão de crédito;
- crédito direto ao consumidor (CDC);
- crédito consignado;
- refinanciamento;
- crédito imobiliário.

Caso não se saiba como utilizá-los da maneira correta, poderão gerar sérios problemas financeiros, ou seja, poderão se transformar em armas que matarão a capacidade de consumo das pessoas. Além disso, a má utilização de tais ferramentas poderá gerar outros tipos de problemas, tais como:

- inclusão do nome das pessoas no cadastro de maus pagadores;
- apreensão de bens adquiridos por meio de financiamentos.

Caso se saiba como utilizá-los da forma correta, os empréstimos e financiamentos são ótimos meios para contornar *deficits* momentâneos nas finanças pessoais e também para adquirir bens que trazem mais conforto e segurança à vida das pessoas, tais como eletrodomésticos, eletroeletrônicos, automóveis e imóveis.

Para que isso não ocorra, serão apresentadas as principais características de tais produtos financeiros, além de dicas sobre como utilizá-los da maneira correta.

No segmento de pessoas físicas, os exemplos mais tradicionais de crédito são:
- limites rotativos (cheque especial e cartão de crédito);
- crédito direto ao consumidor (CDC);
- crédito consignado;
- refinanciamento;
- crédito imobiliário.

Segundo Santos (2003), essas modalidades de crédito são direcionadas ao atendimento de necessidades temporárias ou eventuais dos clientes, como as decorrentes de gastos básicos (moradia, alimentação, saúde, educação e combustíveis) e gastos com a aquisição de bens (veículos, móveis e imóveis). O Quadro 4.6 mostra o conceito, semelhanças e diferenças de empréstimo e financiamento.

QUADRO 4.6. Características do empréstimo e do financiamento

Empréstimo	O empréstimo consiste em um contrato firmado entre o cliente e a instituição financeira, por meio do qual ele recebe uma quantia que deverá ser devolvida em prazo determinado, acrescida dos juros fixados. Os recursos obtidos no empréstimo não têm destinação específica
Financiamento	Assim como o empréstimo, o financiamento também é um contrato entre o cliente e a instituição financeira, mas com destinação específica dos recursos tomados, por exemplo, a aquisição de um veículo ou imóvel. O financiamento possui como garantia a alienação fiduciária ou hipoteca do bem adquirido por meio dele

Cheque especial

A aprovação dessa modalidade de crédito, que é oferecida pelos bancos comerciais, somente se efetiva após a prévia avaliação de risco do cliente, baseada na qualidade de suas informações financeiras, patrimoniais e de idoneidade no mercado de crédito. Os bancos aprovam limites de cheque especial em valores compatíveis com a renda líquida mensal comprovada dos clientes.

O cheque especial é uma modalidade de crédito rotativo para atender às necessidades eventuais ou temporárias dos clientes.

As taxas do cheque especial são prefixadas e definidas mensalmente, variando de acordo com o cliente. Quanto maior o risco observado pelo banco, maior será a taxa. A garantia usual em contratos de cheque especial baseia-se na vinculação de uma nota promissória avalizada, com valor superior ao valor do crédito aprovado. É condicionante que as notas promissórias sejam substituídas toda vez que ocorrer alteração no valor do limite do cheque especial, para que tal limite não fique defasado.

O banco cobra uma taxa de juros mais alta no cheque especial em relação a um empréstimo comum, pois, mesmo que os clientes não utilizem seus limites, o banco passa a ter responsabilidade de disponibilizar-lhes os recursos financeiros, assumindo riscos de liquidez e de captação no mercado de crédito.

Além disso, para o banco, segundo Carneiro e Matias (2010), tal produto é difícil de ser gerenciado, visto que o cliente não avisa quando irá utilizá-lo e também, quando o utiliza, não avisa como efetuará o pagamento, ou seja, quando depositará recursos na conta corrente para amortizar o valor que está sendo utilizado do seu limite de cheque especial.

Carneiro e Matias (2010) comentam que ao se observar a definição e as características do cheque especial, as pessoas devem ficar atentas a dois pontos principais elencados no Quadro 4.7.

O cartão de crédito é a modalidade de crédito que permite aos clientes a realização de saques e compras de bens e serviços, até o limite de crédito concedido.

Cartão de crédito

É oferecido por empresas do mercado financeiro conhecidas por Administradoras de Cartão de Crédito. No Brasil, assim como em vários outros países do mundo, as empresas mais conhecidas que atuam nesse segmento são a Visa e a Mastercard.

Capítulo 4 — Gestão do Relacionamento com o Mercado Financeiro

QUADRO 4.7. Características do cheque especial às quais as pessoas devem ficar atentas

1) Trata-se de um produto de crédito para atender somente às necessidades eventuais ou temporárias	O cheque especial só deve ser utilizado quando ocorrerem necessidades eventuais ou temporárias, tais como compra de remédios devido a uma doença inesperada, manutenção corretiva do automóvel, etc. As despesas do dia a dia, que são previsíveis, devem ser programadas no orçamento pessoal, levando-se em consideração que seus valores não devem ser superiores ao valor da receita Não se deve utilizar o cheque especial a não ser que ocorram despesas inesperadas. Como as pessoas vivem em uma sociedade altamente consumista, devem ficar atentas às compras que fazem por impulso, ou seja, compras que não estavam programadas no orçamento Graças a tal produto, caso não se projete devidamente as despesas, pode-se gastar mais do que se ganha, levando, dessa forma, à utilização do limite de cheque especial
2) As taxa de juros cobradas são altas	Mesmo que os clientes não utilizem seus limites de cheque especial, os bancos passam a ter responsabilidade de disponibilizar-lhes os recursos financeiros, assumindo riscos de liquidez e de captação no mercado de crédito. Portanto, precisam cobrar taxas de juros altas em tal produto Como forma de evitar a utilização irracional do cheque especial, as pessoas devem ficar atentas ao conferir seu saldo bancário, pois, normalmente, os bancos divulgam aos seus clientes o valor do "saldo disponível", onde está incluído o valor do limite de cheque especial. Ao fazer isso, o cliente pode interpretar que o saldo disponível é o valor que possui efetivamente na conta corrente Preste muita atenção, pois um saldo disponível de R$ 1.200,00 pode ser composto por um saldo efetivo de R$ 200,00 e um limite de cheque especial de R$ 1.000,00. Portanto, só deve ser gasto o valor do saldo efetivo, ou seja, R$ 200,00

De posse de um cartão de crédito, o cliente poderá efetuar gastos em estabelecimentos comerciais cadastrados, com o benefício do pagamento futuro. O pagamento da fatura, que engloba todas as compras que foram efetuadas em um determinado período, é sempre feito em data de vencimento previamente escolhida pelo cliente. Quando o cliente não paga o valor total da fatura mensal, as taxas de juros cobradas são prefixadas e definidas mensalmente, variando conforme a situação atual e perspectivas de risco apresentadas pelo cliente.

Segundo Carneiro e Matias (2010), ao se observar a definição e as características do cartão de crédito, as pessoas devem ficar atentas a dois pontos principais:

1. utilize com sabedoria o benefício do pagamento futuro;
2. cuidado com as taxas de juros sobre o saldo devedor.

Utilize com sabedoria o benefício do pagamento futuro

Quando se faz uma compra utilizando o cartão de crédito, obtêm-se a vantagem da protelação do pagamento, ou seja, ele somente será feito após um prazo determinado.

Caso a compra seja feita próxima à data do vencimento da fatura do cartão, o prazo de pagamento pode ser de até 35 dias, pois o valor da compra só será contabilizado na fatura subsequente. Isso ocorre devido ao fato de a administradora do cartão fazer o fechamento da fatura, em média, cinco dias antes do seu vencimento.

A utilização do cartão também propicia ao cliente uma organização melhor de suas despesas. Isso ocorre devido ao fato de a fatura mensal discriminar os locais onde as despesas foram efetuadas, assim como seus respectivos valores. Caso a pessoa concentre o pagamento de suas despesas por meio do cartão, ao observar a fatura, poderá verificar quanto está gastando mensalmente em alguns itens, tais como:

- farmácia;
- supermercado;
- lojas de roupas e calçados;
- postos de combustíveis, etc.

Esses dados podem ser utilizados para preencher a coluna valores realizados da planilha de orçamento pessoal (*ver* Tabela 2.1, Capítulo 2).

Outra vantagem desse produto são os programas de bônus oferecidos pelas Administradoras de Cartão de Crédito. Ao utilizar o cartão e pagar a fatura em dia, o cliente vai acumulando pontos, que, posteriormente, poderão ser trocados por passagens aéreas (programa de milhagens aéreas), produtos ou deduções do valor da fatura. Normalmente, o cliente recebe um catálogo com diversos tipos de produtos que poderá receber, associados a uma quantidade determinada de pontos. Existem ainda programas de bônus que, ao acumular pontos, o cliente tem direito a créditos em dinheiro, que poderão ser resgatados para reduzir o valor da fatura a ser paga.

Para que o cartão de crédito não se torne vilão das finanças pessoais, deve-se evitar utilizá-lo para fazer compras por impulso, ou seja, compras que não estavam previstas no orçamento. Devido ao fato de as despesas somente serem pagas no futuro, as pessoas podem comprar sem ter dinheiro na mão. Portanto, se a compra não estiver programada no orçamento, poderá fazer com que a pessoa gaste um valor superior à sua renda. Caso isso ocorra, não será possível pagar o valor integral da fatura.

Cuidado com as taxas de juros sobre o saldo devedor

Quando o cliente não consegue pagar o valor integral da fatura, o saldo remanescente será cobrado na fatura do mês seguinte, acrescido de uma taxa de juros. O grande problema disso são as taxas de juros altas cobradas pelas administradoras de cartão. Para que isso não ocorra, deve-se sempre pagar o valor integral da fatura.

Ao se observar uma fatura de cartão de crédito, pode-se identificar um campo chamado de pagamento mínimo, ou seja, o cliente não poderá pagar um valor inferior ao que está mencionado. Apesar disso, a administradora do cartão permite que seja pago qualquer valor entre o valor do pagamento mínimo e o valor total da fatura. Porém, não se pode esquecer que sobre o valor não pago incidirá uma taxa alta, gerando um montante de juros que será cobrado na fatura do mês subsequente.

Diante dessa constatação, a pessoa não pode se deixar levar pela facilidade de pagar somente o valor do pagamento mínimo. Caso ela não esteja conseguindo pagar o valor total da fatura, deve reduzir as despesas efetuadas por meio do cartão de crédito.

Crédito direto ao consumidor (CDC)

Vivemos em uma sociedade capitalista e, por meio de diversos canais de divulgação: televisão, rádio, revistas, *outdoors*, etc., as pessoas são diariamente "bombar-

O CDC é um produto oferecido pelas Financeiras, que normalmente fazem parte de um conglomerado financeiro. Ele é destinado a financiar a prestação de serviços e aquisição de bens duráveis com amortizações mensais fixas, já com os encargos envolvidos. Os bens duráveis financiados podem ser novos ou usados. Os exemplos mais importantes desse financiamento são os destinados à aquisição de veículos e bens eletrodomésticos.

deadas" por propagandas anunciando novos produtos. Para complicar ainda mais a situação, atualmente, as mudanças tecnológicas ocorrem em uma velocidade inacreditável, portanto, um lançamento feito hoje se tornará obsoleto em pouco tempo.

Diante de tais constatações, segundo Carneiro e Matias (2010), as pessoas devem repensar sua ânsia de consumir, pois, caso desejem sempre acompanhar as mudanças tecnológicas, quando terminarem de pagar um financiamento, precisarão fazer outro na sequência. Na verdade, essa é a realidade enfrentada pela imensa maioria das pessoas.

Não se pode ser hipócrita em afirmar que a aquisição de um bem, mesmo que seja por meio de um financiamento, não gerará prazer. Porém, é importante que isso seja feito racionalmente, sem comprometer o orçamento, sobretudo ao se adquirir um automóvel, que possui um preço relativamente alto.

Foi-se o tempo em que automóvel era investimento. Hoje, representa conforto, rapidez e *status*, mas é um gasto. Segundo Cherobim e Espejo (2010), somente os profissionais do ramo devem considerá-lo um investimento, porque é o seu negócio. Para os demais, é um bem de consumo, que gasta muito e que poderá comprometer o orçamento.

Voltando ao produto CDC, é importante ressaltar que o próprio bem, objeto do financiamento (exemplos: carros, máquinas e equipamentos), em casos de inadimplência do cliente, representará a garantia para a Financeira.

A seguir, serão apresentados dois pontos principais em relação ao CDC aos quais, segundo Carneiro e Matias (2010), as pessoas devem ficar atentas.

Não se deixe enganar pelas propagandas semienganosas

Quando uma empresa vende seus produtos a prazo, passa a ter algumas despesas que não existiriam caso vendesse somente à vista. Dentre tais despesas, Assaf Neto (2003) destaca aquelas presentes no Quadro 4.8.

QUADRO 4.8. Despesas embutidas nos produtos vendidos a prazo

Despesas de crédito	Envolvem os gastos com a manutenção de uma área de crédito, tais como: pessoal (salário, encargos e benefícios), material de escritório, serviços de informação contratados (Serasa Experian e SPC), etc.
Despesas de cobrança	Envolvem os gastos com a manutenção de uma área de cobrança, tais como: pessoal (salário, encargos e benefícios), material de escritório, ações judiciais, etc.
Insolvência de clientes	Perdas referentes a clientes que não pagaram sua dívida

Obviamente, as empresas que vendem a prazo possuem despesas maiores que aquelas que só vendem à vista. Portanto, tais despesas devem ser repassadas ao preço do produto. A forma de se repassar tais despesas ao preço é a utilização de uma taxa de juros para as vendas a prazo.

Diante de tal constatação, pode-se concluir que, tecnicamente, é inviável uma empresa efetuar suas vendas a prazo sem cobrar uma taxa de juros. Portanto, as pessoas devem ficar atentas às propagandas que poderiam ser classificadas como "semienganosas". Exemplo: preço à vista de R$ 500,00 ou cinco parcelas de R$ 100,00 (sem juros).

Ao analisar o exemplo, não se pode dizer que a empresa está anunciando uma mentira, pois, caso as cinco parcelas sejam somadas, será obtido o valor de R$ 500,00, que é o mesmo valor do preço à vista. Portanto, a propaganda não é enganosa, pois, aparentemente, não estão sendo cobrados juros.

Nesse caso, a enganação está no superfaturamento do preço à vista, ou seja, caso se procure o produto anunciado em outra loja, possivelmente será encontrado um valor à vista mais barato; portanto, a empresa está anunciando um produto cujo preço está superfaturado. Caso o produto seja comprado em cinco parcelas de R$ 100,00 e, posteriormente, seja encontrado em um concorrente pelo preço de R$ 470,00, na verdade, o cliente teria pago uma taxa de juros embutida de 2,10 % ao mês.

Poupar dinheiro para comprar à vista é muito melhor

No item anterior, pôde-se constatar que é melhor comprar à vista, pois a compra pode ser efetuada sem o pagamento de juros. Além disso, sempre haverá uma empresa que, por enfrentar problemas em seu fluxo de caixa e precisar de dinheiro, oferecerá algum desconto caso o pagamento seja feito à vista. Portanto, seria ideal que as pessoas protelassem suas compras e depositassem o valor que pagariam referente à parcela mensal do financiamento em uma aplicação financeira.

> Para a maioria, a estratégia de poupar dinheiro pode parecer utopia, pois as pessoas vivem em uma sociedade consumista e imediatista. Porém, para aqueles que conseguem primeiro poupar para depois consumir, os problemas financeiros se tornam menores. Além disso, segundo Carneiro e Matias (2010), tais felizardos conseguirão uma quantidade maior de bens a médio e longo prazo. Isso ocorre devido ao fato de tais pessoas, ao invés de pagarem, recebem juros dos bancos.

Caso ainda não esteja convencido, imagine que queira trocar sua geladeira. Ao entrar em uma loja, constatou que o preço à vista do seu sonho de consumo é de R$ 2.000,00. Como não tem o dinheiro para efetuar o pagamento à vista, resolveu financiar a compra em 18 parcelas mensais de R$ 145,42, onde está sendo cobrada uma taxa de juros de 3% ao mês. Vale ressaltar que, na prática, o valor da parcela seria um pouco maior, pois também seria considerado o valor do Imposto sobre Operações Financeiras (IOF).

Suponha que protelasse a compra do seu sonho de consumo por um ano e meio, adotando a estratégia de poupar para depois consumir. Durante os próximos 18 meses, invés de pagar a parcela de R$ 145,42, assumiria um compromisso consigo mesmo de depositar, mensalmente, tal valor em uma aplicação financeira. Após 18 meses, considerando uma taxa de juros de 0,60% ao mês que remunerasse a aplicação financeira, seu saldo seria de R$ 2.755,43.

Felizmente, como estamos vivendo em uma economia com taxas de inflação não tão altas, após 18 meses, há grandes chances de a geladeira estar custando o mesmo preço. Portanto, ela seria adquirida à vista, sobrando ainda R$ 755,43, que poderia ser utilizado para adquirir algum outro produto.

Empréstimo consignado

O empréstimo consignado é mais seguro para quem está emprestando, pois a cobrança é praticamente automática e a responsabilidade é da empresa empregadora, do sindicato ou do órgão do governo. Isso possibilita o empréstimo até para pessoas com nome em registro de inadimplência no SPC ou Serasa Experian, ou, como se diz vulgarmente, pessoas com "nome sujo". Também é vantajoso para o devedor, pois diminui o trabalho de ir à instituição financeira ou fazer o serviço manualmente.

Esses fatores contribuem para que a consignação tenha juros mais baixos que outros tipos de empréstimos. Na sequência são apresentadas algumas vantagens e alguns cuidados, listados pelo Procon (2014b), relacionados ao crédito consignado.

O empréstimo consignado é uma modalidade de empréstimo em que o desconto da prestação é feito diretamente na folha de pagamento ou de benefício previdenciário do contratante. A consignação em folha de pagamento ou de benefício depende de autorização prévia e expressa do cliente à instituição financeira concedente do empréstimo. Ele pode ser obtido em bancos ou financeiras, cuja duração não deve ser superior a 72 meses. Os juros e demais encargos variam conforme valor contratado.

Vantagens do empréstimo consignado

Para quem está pendurado no cheque especial ou cartão de crédito, é uma ótima opção para sair do sufoco, pois tem juros menores e prazos maiores.

Para quem está no crédito pessoal parcelado ou no carnê da loja, até no penhor da Caixa Econômica Federal, tem que analisar o desconto que será dado pelo pagamento antecipado da dívida. Se a taxa de juros do desconto for maior que a do empréstimo consignado, faça a troca, caso contrário fique onde está.

Para quem não tem dívidas a substituir vale a pena tomar esse "empréstimo barato"? Em primeiro lugar ele não é "barato", tem apenas um custo menor que o custo do cheque especial ou cartão de crédito. Se você tem uma necessidade que estava adiando, analise seu orçamento, veja se a prestação do empréstimo não vai comprometer outras despesas essenciais, seja previdente.

É importante alertar que a partir do mês seguinte, e durante o prazo do empréstimo, o salário ou aposentadoria virá menor, em até 30% em relação ao mês anterior, e por outro lado, as despesas mensais continuarão as mesmas.

A facilidade para tomar esse tipo de empréstimo é muito grande, particularmente para os aposentados. Evite tomar o empréstimo para fazer favores a familiares ou a terceiros, lembre-se que é do seu salário que será descontada a prestação.

Cuidados ao fazer um empréstimo consignado

A seguir estão elencados alguns cuidados que os tomadores de empréstimo consignado deverão observar:

- ler o contrato antes de assinar;
- não se deixar seduzir pelos apelos de "crédito rápido e fácil";
- pesquisar taxas de juros.

A melhor forma de comparar os custos entre as instituições financeiras é pedir-lhes a informação de "qual é o valor líquido que você vai receber", considerando o mesmo valor da prestação e prazo.

Refinanciamento

Para quem é dono de um imóvel ou de um veículo, segundo o site InfoMoney (2014b), a forma mais barata de obter recursos para pagar outras dívidas com juros mais altos, investir em um negócio próprio, fazer um curso, viajar ou realizar um sonho qualquer é fazer um empréstimo dando um desses dois bens como garantia.

Pagar menos juros é importante, mas a pessoa precisa entender que há um preço por essa vantagem, explica o site InfoMoney. A instituição financeira só liberará esse financiamento com juros bem mais baixos porque o imóvel ou o

O chamado refinanciamento, também conhecido por hipoteca reversa, *home equity* ou crédito pessoal com garantia de um bem, é uma modalidade de crédito pessoal relativamente nova no Brasil e ainda pouco divulgada pelas instituições financeiras. Ainda que desconhecida pela maioria das pessoas, essa modalidade de crédito é muito interessante para o cliente, que pode ter acesso a recursos financeiros com juros relativamente baixos.

veículo estão sendo dados em garantia. Isso significa que, caso a dívida deixe de ser paga, as implicações serão muito maiores do que a simples inclusão do nome do devedor em um cadastro de inadimplentes: o imóvel ou o veículo serão, rapidamente, retomados pela instituição financeira e leiloados para o pagamento do saldo devedor.

Somente o montante que sobrar após a quitação do refinanciamento voltará para o bolso do antigo dono do veículo ou do imóvel. Na sequência, serão apresentadas, de acordo com o site InfoMoney, algumas considerações sobre as operações de refinanciamento de imóveis e de veículos.

Refinanciamento de imóveis

Diversas instituições financeiras oferecem o refinanciamento, mas, geralmente, apenas aos clientes de alta renda ou então para tentar "salvar" outro empréstimo com altíssimo risco de inadimplência concedido pela própria instituição. O refinanciamento de imóvel é o que possibilita ao cliente bancário levantar o maior volume de recursos. Costuma-se liberar até 50% do valor do imóvel. Isso quer dizer que alguém que tenha uma casa avaliada em R$ 400 mil vai conseguir a liberação de até R$ 200 mil dando o imóvel em garantia do empréstimo.

Nem sempre esse cliente vai conseguir os R$ 200 mil, pois há outro fator que limita o teto do refinanciamento: o comprometimento da renda. Normalmente, as instituições financeiras liberarão um crédito com parcelas de pagamento mensais que correspondam a, no máximo, 30% da renda bruta do cliente. Vale ressaltar que esse percentual cairá caso ele tenha também outras dívidas contratadas. Nesse limite, no entanto, pode ser possível compor renda com familiares.

Para exemplificar, o site InfoMoney sugere que imaginemos um casal que pretende refinanciar um imóvel que possuem, sendo que, tanto o marido quanto a esposa, possuem uma renda mensal de R$ 10 mil. Nesse caso, o limite de comprometimento da renda será igual a 30% de R$ 20 mil, ou seja, as prestações mensais do refinanciamento poderão ser de até R$ 6 mil. Porém, caso esse mesmo casal tenha outra dívida com prestação mensal de R$ 1 mil, aí o limite da parcela do refinanciamento cai para R$ 5 mil.

Os prazos de pagamento costumam variar entre 1 e 30 anos – empréstimos mais longos podem ter uma parcela mensal de pagamento mais baixa, mas com pagamento de juros por muito mais tempo.

Ao dar seu próprio imóvel em garantia do empréstimo, a pessoa pode tomar do banco a partir de R$ 30 mil. A operação, no entanto, tem alguns custos. Será necessário pagar Imposto sobre Operações Financeiras (IOF), calculado sobre o valor total do empréstimo e pago no momento em que o crédito é liberado – o imposto só não será cobrado quando o dinheiro emprestado servir para a reforma de um imóvel residencial, sendo necessário apresentar o orçamento e o cronograma das obras assinado por um engenheiro.

O Fundo de Garantia por Tempo de Serviço (FGTS) não pode ser utilizado para abater o saldo devedor nesse tipo de operação, mas o imóvel pode estar alugado a um terceiro – isso, inclusive, ajuda a compor a renda do tomador do empréstimo.

Também pode ser necessário pagar, no momento da contratação da operação, uma taxa de análise de crédito e uma taxa de avaliação do imóvel e arcar com dois seguros:

- um de danos físicos ao imóvel;
- para morte ou invalidez permanente do tomador.

Por último, será necessário pagar os custos do cartório, já que o imóvel será alienado em nome da instituição financeira – o que ficará registrado na matrícula da propriedade.

> Por isso, para saber o custo real de um refinanciamento, preste sempre atenção ao Custo Efetivo Total (CET) do empréstimo, uma taxa percentual que engloba todos os custos da operação, e não apenas os juros.

A parte operacional do refinanciamento é um pouco longa. Quem tem o pedido de crédito aprovado pela instituição financeira terá de preencher uma ficha com dados pessoais e do imóvel. Será necessário entregar documentos como:

- cópias de CPF e RG;
- comprovante de endereço;
- comprovantes de renda;
- escritura e matrícula atualizada do imóvel;
- certidão negativa de débitos com o condomínio e comprovante de que não há dívidas de IPTU, entre outros.

Em seguida, a instituição financeira contratará uma empresa de avaliação para se certificar de que o imóvel vale mesmo tanto quanto o cliente declarou.

Caso tudo ocorra dentro do esperado, o processo entra na fase de formalização, com a assinatura do contrato do refinanciamento, o registro da operação em cartório e, por fim, a liberação do dinheiro. Quando o cliente toma dinheiro emprestado também para pagar outras dívidas, uma parte dos recursos será depositada diretamente na conta do credor inicial e o restante vai para o bolso do cliente.

O processo todo demora no mínimo 30 dias e só depois o dinheiro é liberado – mas lembre-se que pode haver uma demora adicional caso o próprio cliente demore em levantar a documentação necessária ou o cartório não forneça toda a papelada rapidamente.

Refinanciamento de veículos

Para quem precisa de menos dinheiro (algo entre R$ 10 mil e R$ 40 mil) e não pode esperar muito pela liberação dos recursos, uma boa opção é realizar o refinanciamento de um veículo (automóvel, moto ou até caminhão), invés de usar um imóvel. A operação é bem parecida, mas os juros serão maiores, o prazo máximo de pagamento será de cinco anos e, geralmente, as instituições financeiras não fazem refinanciamento de veículos com mais de dez anos de uso. Algumas instituições financeiras chegam a liberar um empréstimo equivalente a até 90% do valor do veículo, de acordo com a tabela Fipe.

A grande vantagem do refinanciamento de veículos, em comparação ao refinanciamento de imóveis, é o prazo de liberação do dinheiro, que pode sair em uma semana. A rapidez do processo pode ser explicada pela facilidade de conseguir todos os documentos necessários para o fechamento da transação.

Dentre outras coisas, não será necessário buscar certidões de quitação de débitos condominiais ou de IPTU nem registrar a operação em cartório. O veículo será alienado em nome da instituição financeira, e a operação fica registrada no próprio documento do veículo.

Crédito imobiliário

No Brasil, a Caixa Econômica Federal (CEF), atualmente, mais conhecida por CAIXA, é a instituição financeira mais tradicional na concessão de créditos imobiliários. Isso ocorre devido ao fato de as caixas econômicas serem instituições públicas

O crédito imobiliário trata-se de financiamento destinado à aquisição ou construção de imóveis residenciais, amortizáveis em prestações mensais, em períodos usualmente superiores a cinco anos. Para essa modalidade, há a necessidade de avalistas co-obrigados e com potencialidades econômicas para assumir a dívida do cliente em caso de incapacidade de pagamento. O imóvel objeto do financiamento, além do aval, constitui-se na garantia acessória para minimizar o risco.

cujo principal objetivo é conceder financiamentos para programas e projetos que contribuam com o desenvolvimento da sociedade.

No caso da CAIXA, os recursos financeiros para serem disponibilizados aos clientes por meio de crédito imobiliário são mais abundantes que em outras instituições financeiras, porque ela possui recursos oriundos das contas do Fundo de Garantia por Tempo de Serviço (FGTS). Segundo Carneiro e Matias (2010), em relação ao crédito imobiliário, as pessoas devem ficar atentas a dois pontos principais: o valor das parcelas mensais e se o imóvel é realmente um bom investimento.

Valor das parcelas mensais do financiamento

Normalmente, as instituições financeiras que concedem crédito imobiliário, após elaborarem o processo de análise de crédito do cliente, não deixam que o valor da parcela mensal ultrapasse 30% do valor da renda familiar. Essa preocupação também deve ser das pessoas que fazem o financiamento, pois, durante o longo período no qual terão que arcar com as parcelas, as despesas familiares poderão aumentar. Esse fato poderá chegar ao extremo de inviabilizar o pagamento das parcelas do imóvel.

Para minimizar tal risco, as pessoas devem, na medida do possível, não assumirem um valor muito alto de parcela. Dessa forma, pode-se, inclusive, pagar mais de uma parcela mensalmente, fazendo com que o tempo de financiamento e, consequentemente, o valor dos juros pagos sejam reduzidos. Logicamente, para que o valor da parcela não seja muito alto, as pessoas devem procurar um imóvel cujo valor se enquadre em sua capacidade de pagamento, sendo, comparativamente à sua realidade social, o mais baixo possível. Dessa forma, são reduzidas as chances de o sonho da casa própria se transformar em um pesadelo.

É importante destacar que, para se calcular o valor das parcelas mensais do financiamento habitacional, as instituições financeiras que concedem crédito imobiliário podem utilizar duas metodologias diferentes de cálculo:

- o Sistema de Amortização Crescente (Sacre);
- a tabela Price.

Atualmente, o Sacre é adotado na grande maioria dos financiamentos imobiliários em nosso país, pois, apesar de gerar parcelas maiores no começo do financiamento, no decorrer do tempo, as parcelas vão ficando menores. Isso ocorre pelo fato de, no sistema Sacre, as parcelas serem decrescentes.

A princípio, tal metodologia de cálculo é mais vantajosa para o cliente, permitindo uma economia de cerca de 10%, em média, no valor final do imóvel. Esse sistema também pode ser considerado mais vantajoso para as instituições financeiras, pois reduz a probabilidade dos clientes se tornarem inadimplentes devido ao fato de não conseguirem arcar com o valor das parcelas.

Por outro lado, a vantagem da tabela Price é que a parcela inicial é normalmente menor do que pelo Sacre. O mutuário paga o mesmo valor de parcela do começo ao fim do financiamento, porém, o valor final da unidade fica mais cara. Só vale a pena para quem estiver muito endividado na hora de fechar o financiamento, ou for comprometer mais de 30% da renda com a prestação.

Para exemplificar, imagine um financiamento de R$ 100 mil pelo prazo de 240 meses, com juros médios de 9% ao ano. As prestações seriam da seguinte maneira:

- tabela Price: as prestações seriam fixas, no valor de R$ 966,00 e o total pago seria de pouco mais de R$ 232 mil;
- Sacre: a prestação inicial seria de R$ 1.167,60, ou seja, 17% maior do que na tabela Price. Em compensação, a prestação final seria de R$ 539,37 e o total pago no financiamento, de pouco mais de R$ 215 mil.

O valor é quase 8% menor do que o financiamento pela tabela Price.

Imóvel é realmente um bom investimento

Como qualquer tipo de investimento, a aquisição de um imóvel apresenta vantagens e desvantagens, principalmente, quando é feito por meio de um crédito imobiliário. Portanto, antes de adquiri-lo, analise-os com muita calma.

70 Educação Financeira para Universitários

As principais vantagens e desvantagens estão destacadas nos Quadros 4.9 e 4.10.

QUADRO 4.9. Principais vantagens na aquisição de um imóvel

O imóvel pode, com o passar do tempo, valorizar
Ao possuir um imóvel os sentimentos pessoais de segurança e de realização aumentam muito
É uma forma de reserva de valor, pois não pode ser confiscado por meio de algum tipo de plano econômico (possivelmente, como é universitário, ainda não era nascido quando foi implantando o *Plano Collor*)
Na maioria das vezes, é melhor destinar recursos mensais ao pagamento de um financiamento habitacional que ao pagamento de um aluguel

QUADRO 4.10. Principais desvantagens na aquisição de um imóvel

O imóvel pode, com o passar do tempo, desvalorizar
É um investimento com baixa liquidez, ou seja, normalmente não é muito fácil transformá-lo em dinheiro novamente (vendê-lo)
Pode ser confiscado pela instituição financeira, pois é garantia do financiamento que foi feito para adquiri-lo
Tende a gerar aumento nos gastos com manutenção preventiva (reformas e ampliações), pois, normalmente, as pessoas que moram em imóveis alugados só gastam com manutenção corretiva (consertos e substituições de itens)

INVESTIMENTOS

Conforme descrito no Capítulo 2, os investimentos somente serão possíveis se a pessoa obtiver um superávit financeiro, ou seja, suas receitas forem maiores que suas despesas. Partindo do princípio que tal objetivo será alcançado, surge um dilema: onde investi-lo? Para você, que é universitário, essa situação, a princípio, parece um pouco fora da realidade. Porém, caso siga as dicas enumeradas no Capítulo 3, quem sabe consiga aumentar suas receitas e obter um superávit financeiro para investir!

Pode-se dizer que todos, tanto pessoas físicas quanto pessoas jurídicas, possuem problemas com dinheiro: uns pela falta e outros pelo excesso. Logicamente, segundo Carneiro (2014), administrar o excesso de dinheiro é muito melhor que administrar a falta. Porém, não saber onde investir o dinheiro excedente não deixa de ser um problema.

Plano Collor é o nome dado ao conjunto de medidas econômicas que visavam à estabilização da inflação. Instituído em 16 de março de 1990 pelo Presidente Fernando Collor de Mello, teve como medida mais polêmica o bloqueio dos saldos de contas correntes e poupanças, que só começaram a ser devolvidos após seis meses, em 18 parcelas mensais corrigidas por uma taxa de 8% ao ano + Taxa Referencial (TR).

Quando temos um problema e não sabemos como resolvê-lo, devemos procurar ajuda. No caso do problema ser não saber onde investir o dinheiro, as pessoas mais indicadas para fornecer tal ajuda são os gerentes de instituições financeiras. Apesar disso, é importante que tenhamos consciência de que a escolha do tipo de investimento cabe à própria pessoa, não cabe ao gerente da instituição financeira.

Diante dessa constatação, o objetivo dos próximos itens é apresentar algumas das opções que as pessoas possuem para investir seus recursos financeiros excedentes, tanto via instituições financeiras bancárias, quanto via mercado de capitais. Vale ressaltar que, no item *Empréstimos e financiamentos*, já foram feitas algumas considerações sobre os investimentos em imóveis.

Em nenhum momento será afirmado que uma opção é melhor que outra, pois se deve ter em mente que não há investimentos melhores que outros, pois, segundo Carneiro (2014), cada um deles possui características diferentes em relação à rentabilidade, risco e liquidez. A rentabilidade está relacionada ao rendimento projetado, o risco à probabilidade de tal rendimento não ocorrer e a liquidez à possibilidade de transformar o investimento novamente em dinheiro (exemplo: venda de um imóvel).

As pessoas devem analisar as características de cada investimento e optar por aquele(s) que melhor se enquadre(m) em seu perfil. Segundo o site Clube do Dinheiro (2009), existem, basicamente, três perfis de investidores, os quais serão abordados a seguir.

Perfil conservador

Um investidor conservador possui, por alguma razão, uma grande aversão a riscos, assumindo assim os menores riscos possíveis. Ele quer ganhar dinheiro, mas o seu foco na verdade é não perder dinheiro. Obviamente, um investidor conservador possui seus motivos para não querer arriscar o seu capital:

- pode ser um pai (ou mãe) de família que não quer arriscar suas reservas financeiras;
- pode ser um estudante que está tentando ganhar algum dinheiro, porém, por não possuir muito tempo ou experiência, não quer arriscar muito;
- pode ser uma pessoa que está interessada em investir seu capital de forma segura e pretende adquirir algum bem ou serviço ou investi-lo em outro empreendimento em um prazo muito curto, o que pode inibir a possibilidade de querer arriscá-lo.

Enfim, a pessoa quer ganhar dinheiro, mas sem correr riscos, ou seja, possui uma tolerância muito baixa a riscos. Lembre-se que, caso não assuma riscos, não conseguirá rentabilidades altas. Por outro lado, somente você mesmo é que melhor pode dizer se pode ou não suportar tais riscos, já que o dinheiro é seu. Geralmente, o investidor conservador prefere aplicar nas seguintes opções:

- poupança;
- papéis e fundos de investimento de renda fixa;
- certificados de depósito bancário e outras formas que garantem menor risco.

Perfil moderado

O segundo perfil, dos moderados, engloba os investidores capazes de assumir algum risco em busca de alcançar resultados melhores. Um investidor moderado não está disposto a assumir altos riscos, mas compreende que precisa correr algum risco se quiser que seu capital aumente mais rápido. Pode-se dizer que eles querem um retorno um pouco mais alto de seus investimentos, estando dispostos a correr algum risco.

É fácil perceber que esta é uma categoria formada por uma mescla de algumas características do investidor conservador e do arrojado, que será apresentado na sequência. As pessoas com tal perfil investem tanto em papéis e fundos de investimento de renda fixa como em ações e outros investimentos mais arriscados.

Perfil arrojado

O investidor com esse perfil é capaz de arriscar-se bem mais, isto é, possui uma tolerância a riscos muito mais alta, em busca de conseguir ganhar mais dinheiro em menos tempo. Os investidores arrojados são os verdadeiros "jogadores", assumindo muitas vezes riscos que poderiam deixar investidores conservadores ou moderados loucos, tudo em busca de conquistar uma taxa de rentabilidade bem maior.

Ao contrário do que se pode pensar, os investidores com esse perfil também investem em papéis de renda fixa; entretanto, suas principais opções são aquelas que possibilitam uma rentabilidade bem maior, tais como:

- aquisição de ações;
- investimentos em imóveis;
- compra e venda de moeda estrangeira.

Investimentos via instituições financeiras bancárias

Os principais tipos de investimentos ofertados pelas instituições financeiras são:

- poupança;
- certificado de depósito bancário;
- fundos de investimento;
- títulos de capitalização;
- previdência privada.

É importante ressaltar que informações adicionais, como, por exemplo, um histórico comparativo das rentabilidades obtidas por tais investimentos, poderão ser obtidas com o gerente de uma instituição financeira.

Também é importante ressaltar que há diversas outras modalidades de investimento, indicadas, normalmente, para investidores com um montante maior de recursos para investir e que pretendem diversificar sua carteira de investimentos. Dentre tais investimentos, pode-se citar aqueles elencados no Quadro 4.11.

QUADRO 4.11. Modalidades de investimentos para pessoas com montante de recursos

Letras de Câmbio (LCs)
Certificados de Recebíveis Imobiliários (CRIs)
Certificados de Recebíveis do Agronegócio (CRAs)
Letras de Crédito Imobiliário (LCIs)
Letras de Crédito Agrícola (LCAs)

Poupança

Devido a sua longevidade e tradição, segundo Carneiro (2014), a Poupança tornou-se o tipo de investimento mais conhecido pelos brasileiros, principalmente, por aqueles que possuem menor poder aquisitivo e poucas informações sobre o funcionamento do mercado financeiro.

A Poupança é a mais antiga forma de aplicação oficial do Brasil, tendo seu surgimento ainda no século XIX. Naquela época, os registros dos valores das aplicações, dos resgates e dos juros eram feitos em uma caderneta de papel, que ficava sob a guarda do investidor. No final do século XX, quando as instituições financeiras bancárias passaram a utilizar sistemas de informação computadorizados, as cadernetas foram deixadas de lado e tal investimento passou a ser conhecido simplesmente como Poupança.

Comparativamente a outros tipos de investimentos financeiros, a Poupança é o que, normalmente, oferece a menor rentabilidade. Além disso, apresenta o inconveniente dos rendimentos somente serem efetivados na data de aniversário da conta, ou seja, caso a aplicação tenha sido feita no dia 02/01, os juros somente serão creditados no dia 02/02.

Caso o investidor resgate o valor aplicado no dia 01/02 (um dia antes da data de aniversário), não terá direito a nenhum tipo de rendimento proporcional. Caso o resgate seja feito no dia 12/02, perderá dez dias de rendimento, pois ainda faltariam vinte dias para a próxima data de aniversário (02/03).

Por outro lado, a Poupança oferece como vantagem a isenção da cobrança de Imposto de Renda (IR) sobre os rendimentos obtidos. Porém, mesmo com tal isenção, seu rendimento é inferior a imensa maioria dos rendimentos líquidos (rendimento bruto – IR) oferecidos por outros investimentos financeiros de renda fixa, tais como fundos e CDB.

Outra vantagem da Poupança é o fato de ela ser garantida pelo Fundo Garantidor de Crédito (FGC). No caso de surgirem problemas com a instituição financeira bancária onde o dinheiro está aplicado, o FGC indenizará o investidor.

Em maio de 2018, segundo o Banco Central, o valor máximo da indenização, por instituição financeira, é de R$ 250.000,00 por depositante ou aplicador, independentemente do valor total e da distribuição em diferentes formas de depósito e aplicação. Porém, vale ressaltar que o total dos créditos de cada investidor contra o conjunto de todas as instituições associadas será garantido até o valor de R$ 1.000.000,00.

O FGC foi constituído pelas instituições participantes do Sistema Financeiro Nacional. Seu objetivo é oferecer maior garantia aos agentes de mercado com recursos depositados/ aplicados na eventualidade da instituição sofrer intervenção, liquidação extrajudicial ou falência. O FGC garante depósitos à vista (dinheiro parado na conta corrente), depósitos a prazo (CDBs) e contas de poupança. É importante ressaltar que os fundos de investimento não são garantidos. Segundo Assaf Neto (2005), o FGC é mantido por meio da cobrança de 0,025% sobre o montante dos saldos das contas enquadradas na garantia.

Independentemente da instituição financeira bancária onde a pessoa abra uma conta de Poupança, o rendimento será sempre o mesmo. Durante muitos anos, a remuneração foi de 0,5% ao mês mais a variação da Taxa Referencial (TR). Porém, a partir do dia 4 de maio de 2012, para os novos depósitos, é importante ressaltar que:

- caso a taxa Selic fique igual ou abaixo de 8,5% ao ano, a poupança pagará 70% dessa taxa + TR;
- caso a taxa Selic fique acima de 8,5% ao ano, a remuneração continuará sendo de 0,5% ao mês + TR.

Com relação a esse tema, cita-se o artigo de CARNEIRO (2012b) que trata dos motivos pelos quais a Poupança mudou e, a partir disso, como ficou.

"Poupança, porque mudou e como ficou"

Primeiramente, é preciso que todos saibam que a poupança mudou para que o Brasil pudesse seguir crescendo. Caso ela continuasse pagando a remuneração de 0,5% ao mês + Taxa Referencial (TR), o governo não conseguiria continuar reduzindo as taxas de juros. Dentre outras vantagens para o país, é importante explicar que as taxas de juros mais baixas fazem com que as empresas deixem de investir seus recursos excedentes no mercado financeiro, pois as taxas se tornam menos atrativas. Tais recursos passam a ser investidos no próprio negócio, gerando mais empregos.

Nos últimos tempos, o governo vem tentando reduzir a taxa básica de juros, mais conhecida como taxa Selic. Essa taxa é quanto o governo paga de juros para quem aplica em títulos públicos federais e é definida, mensalmente, pelo Comitê de Política Econômica (COPOM). Por meio da emissão de títulos públicos, o governo capta dinheiro para se financiar e os investidores recebem a taxa Selic como retorno do investimento. Segundo Leandro Corrêa, sócio da Patrimônio, um agente de investimentos da XP Investimentos, a ideia do governo é baixar a Selic para reduzir o custo da dívida pública e favorecer o crescimento e a economia do país estimulando os investimentos, o consumo e o crédito.

Porém, caso ela seja fixada em um patamar abaixo de 8,5% ao ano, os investidores terão uma opção mais rentável que é a própria poupança, uma vez que sobre os investimentos em títulos públicos há cobrança do imposto de renda. Portanto, ele precisa evitar que o dinheiro dos títulos públicos migre para a poupança, prejudicando o financiamento público. Foi por esse motivo que o governo alterou as regras de remuneração da poupança. A partir do dia 4 de maio de 2012, para os novos depósitos, caso a taxa Selic fique igual ou abaixo de 8,5% ao ano, a poupança pagará 70% dessa taxa + TR. Quem já tem dinheiro aplicado na poupança, não precisa se preocupar, pois a regra anterior continua valendo, ou seja, ela continuará sendo remunerada à taxa de 0,5% ao mês + TR. Portanto, caso tenha aplicado na poupança antes do dia 4 de maio de 2012 e acredite que o governo continuará reduzindo a taxa Selic, tente não fazer resgates, pois ela será a aplicação de renda fixa com a maior rentabilidade do mercado financeiro.

Segundo Bianca Ribeiro, do jornal *O Estado de São Paulo*, mesmo com a queda na rentabilidade que ocorrerá caso a Selic atinja 8,5% ao ano, ainda é mais atraente aplicar na poupança que deixar o dinheiro debaixo do colchão. Para exemplificar, considere um valor de R$ 1.000,00 que ficará aplicado na poupança por 12 meses. Com a regra antiga, o rendimento seria de R$ 75,00 no período. Com a nova regra, considerando uma Selic de 8,5%, o investidor ganharia R$ 64,00 (CARNEIRO, 2012b).

Apesar da baixa rentabilidade oferecida pela Poupança, é importante destacar o importante papel que exerce na política habitacional brasileira, pois as instituições financeiras bancárias, de acordo com a legislação em vigor, são obrigadas a destinar 65% do montante captado nas aplicações em poupança para a liberação de financiamentos habitacionais.

É por esse motivo que a CAIXA, parceira do Governo Federal na implantação das políticas habitacionais oficiais, é a maior incentivadora de tal modalidade de investimento.

Certificado de Depósito Bancário (CDB)

Uma opção mais rentável que a Poupança são os CDBs e RDBs, também conhecidos como depósitos a prazo. Eles são títulos de crédito emitidos pelas instituições financeiras bancárias, destinados a lastrear operações de financiamento de capital de giro, ou seja, por meio da emissão dos CDBs e RDBs, as instituições financeiras bancárias conseguem obter dinheiro para emprestar aos seus clientes que estão enfrentando problemas em seu fluxo de caixa. A diferença entre a taxa de juros paga nos CDBs e RDBs e a taxa cobrada nos financiamentos de capital de giro é conhecida pelo nome de *spread*.

Spread bancário é a diferença, expressa por meio de uma taxa de juros, entre o custo do dinheiro para o banco (taxa que ele paga para os clientes que investem em aplicações financeiras) e o preço que ele cobra nas operações de crédito (taxa que os clientes pagam quando fazem empréstimos ou financiamentos). Se o banco paga uma taxa de 8% ao ano a um cliente que faz um CDB e empresta esse dinheiro por 28% ao ano, a diferença entre essas duas taxas é o *spread*.

O Certificado de Depósito Bancário (CDB) e o Recibo de Depósito Bancário (RDB) são diferentes pelo fato de o CDB poder ser endossado, ou seja, pode ser transferido a outra pessoa. O RDB é um título intransferível. Na prática, como as pessoas não têm mais a custódia física, ou seja, a posse do CDB ou RDB, essa diferença se tornou irrelevante, portanto, atualmente, as instituições financeiras bancárias costumam utilizar somente a nomenclatura CDB.

No passado, quando os sistemas de informação computadorizados não eram utilizados, o cliente levava o CDB efetivamente para casa, ou seja, levava um papel onde estava discriminado o valor, o prazo de vencimento e a taxa de juros do investimento. No vencimento, o CDB era levado à instituição financeira bancária para que o cliente pudesse receber de volta o valor investido mais os juros a que tinha direito.

A remuneração paga pelas instituições financeiras bancárias para quem aplica em CDBs pode ser prefixada ou pós-fixada, conforme o Quadro 4.12.

Atualmente, muitas instituições financeiras bancárias estão remunerando seus CDBs por meio de um percentual da taxa dos Certificados de Depósitos Interfinanceiros (CDIs), ou Interbancários, como também são conhecidos. O CDI possui as mesmas características de um CDB, porém, não pode ser vendido para outros investidores, e serve para formalizar os empréstimos que são feitos entre as instituições financeiras bancárias.

QUADRO 4.12. Modelos de aplicação em CDBs

CDBs prefixados	O investidor fica sabendo, no ato da aplicação, o valor total dos juros que receberá (exemplo: rendimento de 0,85% ao mês)
CDBs pós-fixados	A rentabilidade pode ser atrelada a uma taxa fixa mais a variação de algum tipo de índice (exemplo: 0,55% ao mês +TR) ou simplesmente ao percentual de um índice (exemplo: 95% do CDI)

Antes de uma pessoa decidir investir seus recursos em um CDB, é necessário que analise dois aspectos: o primeiro está relacionado ao fato dos rendimentos oferecidos pelas instituições financeiras bancárias serem diferentes, portanto, é imprescindível fazer cotações antes de fechar o negócio; o segundo diz respeito aos rendimentos obtidos nos CDBs receberem a tributação do Imposto de Renda (IR) e, também, poderem receber a do Imposto sobre Operações Financeiras (IOF).

A partir de janeiro de 2005, no resgate ou no vencimento da aplicação, passou a ser cobrado imposto de renda, sobre os rendimentos, de acordo com o prazo de permanência da aplicação no CDB (Tabela 4.1).

Capítulo 4 Gestão do Relacionamento com o Mercado Financeiro 79

TABELA 4.1. Alíquotas de IR para os rendimentos dos CDBs

Prazo de permanência	Alíquotas regressivas
Até 180 dias	22,5%
De 181 a 360 dias	20,0%
De 361 a 720 dias	17,5%
Acima de 720 dias	15,0%

Se a pessoa quiser, poderá resgatar o valor investido no CDB antes do vencimento, de forma parcial ou total, recebendo um rendimento proporcional à quantidade de dias que o valor ficou investido. Porém, segundo Carneiro (2014), caso isso seja feito antes da aplicação completar 30 dias, haverá a cobrança do IOF sobre o rendimento conforme a Tabela 4.2. Depois de 30 dias, o CDB ficará isento do IOF.

Fundos de investimento

Pode-se dizer que um fundo de investimento não é uma forma individual de se investir, pois, ao ingressar em um fundo, o indivíduo passa a fazer parte de um grupo de pessoas que investem seus recursos em conjunto. Para Assaf Neto (2005), fundo de investimento é um conjunto de recursos monetários, formado por depósitos de grande número de investidores, que se destinam à aplicação coletiva em carteira de títulos e valores mobiliários.

TABELA 4.2. Alíquotas de IOF para os rendimentos dos CDBs

Dias	IOF	Dias	IOF	Dias	IOF
1º	96%	2º	93%	3º	90%
4º	86%	5º	83%	6º	80%
7º	76%	8º	73%	9º	70%
10º	66%	11º	63%	12º	60%
13º	56%	14º	53%	15º	50%
16º	46%	17º	43%	18º	40%
19º	36%	20º	33%	21º	30%
22º	26%	23º	23%	24º	20%
25º	16%	26º	13%	27º	10%
28º	6%	29º	3%	30º	0%

A Comissão de Valores Mobiliários (CVM) é uma autarquia federal gerida por um presidente e quatro diretores, todos nomeados pelo Presidente da República. Ela é ligada ao Ministério da Fazenda e possui como principal atribuição a normatização (definição de normas) e controle do funcionamento de uma das subdivisões do mercado financeiro, o mercado de capitais (local onde são negociados os valores mobiliários: ações, debêntures e *comercial papers*). No item "Investimentos via mercado de capitais" serão apresentadas as outras subdivisões do mercado financeiro.

Um fundo de investimento é composto, basicamente, por duas figuras:

- os cotistas;
- administrador.

A instrução da Comissão de Valores Mobiliários (CVM) nº 409, que dispõe sobre a constituição, a administração, o funcionamento e a divulgação de informações dos fundos de investimento, conceitua-os como uma comunhão de recursos constituída sob a forma de condomínio, destinado à aplicação em títulos e valores mobiliários, bem como em quaisquer outros ativos disponíveis no mercado financeiro e de capitais.

Os cotistas delegam à gestão dos seus recursos financeiros ao administrador. O administrador decidirá onde os recursos serão investidos e os gerenciará, podendo contratar prestadores de serviços para auxiliá-lo, como corretoras e auditorias. No Brasil, segundo Carneiro e Pimenta Júnior (2007), a grande maioria dos fundos de investimento é administrada por instituições financeiras bancárias, pois a capilaridade de suas redes de agências permite a captação de recursos financeiros dos clientes.

Periodicamente, o administrador deverá prestar contas aos cotistas e as principais decisões em relação ao fundo de investimento devem ser tomadas por eles mesmos, por meio de uma Assembléia Geral de Cotistas. Silva Neto (2003) chega a afirmar que um fundo de investimento é quase como se fosse uma empresa independente, em que seus donos são os cotistas. Essa empresa possui CNPJ específico e, como qualquer outra, faz sua contabilidade, paga impostos e possui um estatuto, onde são apresentadas todas as características do fundo.

Um fundo de investimento só pode ser constituído com a aprovação da CVM, que também é responsável por verificar se o estatuto está sendo cumprido e pela veracidade das informações que são divulgadas aos cotistas. Esse acompanhamento tem o objetivo de salvaguardar os investidores de pequeno porte, que compõem a imensa maioria dos cotistas de um fundo de investimento.

Como se pode observar, há uma relação de prestação de serviços entre o administrador e os cotistas de um fundo de investimento. A cobrança de tal serviço é feita por meio de um encargo chamado taxa de administração, que está definido no estatuto e é cobrado por meio de uma taxa percentual ao ano sobre o valor total que está sendo administrado (patrimônio do fundo). Segundo Brito (2005), o intervalo da taxa, geralmente, varia entre 5% ao ano (pessoas físicas) e 0,3% ao ano (clientes institucionais).

O funcionamento de um fundo de investimento é outro aspecto que merece ser abordado. Primeiramente, é importante explicar porque o investidor que entra em um fundo é chamado de cotista.

Suponha que, em um determinado dia, exista um fundo de ações que possua um patrimônio total de R$ 1.000.000,00 investido em ações de uma Sociedade Anônima, divididos em 100 mil cotas. Nesse dia, a cota desse fundo vale R$ 10,00. Caso um investidor queira ingressar nesse fundo, aplicando R$ 10.000,00, adquirirá 1 mil cotas. No final do dia, considerando tudo mais constante, o fundo passa a ter um patrimônio de R$ 1.010.000,00, divididos em 101.000 cotas. Suponha também que o administrador utilizou os R$ 10.000,00 para comprar mais ações da mesma Sociedade Anônima.

Caso as ações se valorizem no dia seguinte e o patrimônio total do fundo passe a ser de R$ 1.115.000,00, agora dividido em 101.000 cotas, a cota passa a valer R$ 11,04. Como o investidor possui 1 mil cotas, o saldo de seu investimento será de R$ 11.040,00. Obviamente, esse será seu ganho bruto, pois, na prática, deve-se descontar a taxa de administração cobrada pelo administrador e os impostos cobrados pelo Governo.

 Quando a pessoa ingressa em um fundo de investimento, deve estar atenta aos impostos que incidem nessa modalidade de investimento. Porém, não precisa se preocupar com a parte operacional do pagamento, pois todos os impostos são calculados e pagos pelo administrador do fundo.

De acordo com Assaf Neto (2005), os fundos de investimento podem ser classificados em dois grandes grupos:

- fundos de renda fixa, que são constituídos por investimentos em ativos de renda fixa, como, por exemplo, títulos do governo;

- fundos de renda variável, que mesclam, em sua carteira, ações de Sociedades Anônimas de capital aberto (no mínimo 5% de seu patrimônio) e também outros tipos de ativos, como, por exemplo, os derivativos (vale ressaltar que os derivativos são negociados na B3 S/A – Brasil, Bolsa, Balcão (*vide* item Instituições Auxiliares)).

A Associação Nacional dos Bancos de Investimento (ANBID), baseando-se na Instrução nº 409/2004 da CVM, apresenta uma classificação muito mais detalhada dos fundos de investimentos, dividindo-os em sete grandes grupos:

- fundos de curto prazo;
- fundos referenciados;
- fundos de renda fixa;
- fundos cambiais;
- fundos multimercados;
- fundos de dívida externa;
- fundos de ações.

Conforme se pode observar, existem inúmeros tipos de fundos. Portanto, antes de optar por essa modalidade de investimento, é importante que conheça as características de rentabilidade, risco e liquidez de cada um deles.

A pessoa mais indicada para fornecer tais informações é o gerente de uma instituição financeira. Caso possua relacionamento com mais de uma instituição, não se esqueça de fazer comparações, pois pode haver diferenças entre os mesmos tipos de fundos. Dentre tais diferenças, pode-se destacar a taxa de administração, que varia de uma instiuição para outra.

Antes de decidir investir seus recursos em algum tipo de fundo, também é importante lembrar que os rendimentos obtidos recebem a tributação do Imposto de Renda (IR) e também podem receber a do Imposto sobre Operações Financeiras (IOF). A tributação de IR dos fundos segue, basicamente, o mesmo método de tributação dos CDBs, apresentando somente duas diferenças, elencadas no Quadro 4.13.

Quadro 4.13. Tributação de IR sobre o rendimento dos fundos de investimento

Nos fundos de investimento onde haja um percentual da carteira de investimento superior a 67% em ações, a alíquota do IR será de 15% sobre a rentabilidade obtida e incidirá no momento em que o cotista efetuar um resgate. Já nos fundos de investimento onde a maioria da carteira seja composta por títulos de renda fixa as alíquotas são as mesmas dos CDBs (Tabela 4.1)
No último dia útil dos meses de maio e novembro, a Receita Federal cobra uma parcela do imposto de renda calculado sobre a rentabilidade obtida pelo cotista. Essa parcela é calculada a uma alíquota de 15% sobre a rentabilidade e é deduzida do saldo de cotas que o investidor possui (come cotas). A diferença de alíquota (se houver) será paga no momento em que o cotista solicitar o resgate

Se a pessoa quiser, poderá resgatar o valor investido no fundo antes de completar 30 dias, de forma parcial ou total, recebendo um rendimento proporcional à quantidade de dias que o valor ficou investido. Porém, caso isso seja feito, haverá a cobrança de IOF sobre o rendimento (Tabela 4.2). Depois de 30 dias, o fundo fica isento do IOF.

Títulos de capitalização

Títulos de Capitalização são investimentos feitos por meio de depósitos únicos ou mensais e que oferecem ao investidor a possibilidade de poupar e ainda concorrer a prêmios. Normalmente, ao adquirir um título de capitalização, o investidor recebe uma cartela com algumas combinações de números predefinidos. As chances de ser sorteado são semelhantes às da loteria, pois os resultados da Loteria Federal são utilizados para a geração dos números a serem premiados.

Eles são administrados por sociedades de capitalização que pertencem, normalmente, a uma corporação do segmento financeiro. Com relação à rentabilidade, não são muito atrativos, pois oferecem rendimentos iguais ou até mesmo inferiores à poupança. No entanto, o que pode atrair as pessoas nessa modalidade de investimento é a possibilidade de serem contempladas nos sorteios oferecidos, geralmente, com um prêmio de valor bem alto.

O título de capitalização possui, em média, carência de 12 meses. Durante esse período, não são indicados resgates, pois, caso sejam feitos, o investidor pagará uma multa, que poderá representar até 10% do valor investido. Os prazos de vigência dos títulos podem variar de um a nove anos. A Superintendência Nacional de Seguros Privados (Susep) é a instituição responsável por fiscalizar e regular essas operações.

Ao analisar esse tipo de investimento, o indivíduo pode ficar com a seguinte dúvida: "Quando eu for resgatar o título, ao final do prazo de vigência, receberei, pelo menos, tudo o que foi pago?". Segundo a Susep, a resposta irá variar de título para título. Cada sociedade de capitalização define no seu título o percentual, em relação aos pagamentos realizados, que será restituído ao titular quando do resgate.

Diante de tal constatação, fica claro que, caso queira optar por tal modalidade de investimento, a pessoa deverá pesquisar as características dos diversos tipos de títulos de capitalização existentes no mercado, pois elas variam muito de uma sociedade de capitalização para outra. Caso queira conhecer algumas outras características dos títulos de capitalização, acesse o link: http://www.susep.gov.br

Previdência privada

Conforme descrito no Capítulo 2, quando a aposentadoria chegar, as despesas aumentarão. Basta lembrar que as pessoas que trabalham em empresas perderão o convênio médico e terão que fazer um plano particular. Para aquelas com idade mais avançada, tais planos são caríssimos. Também é importante lembrar que as despesas com remédios aumentarão e que a pessoa poderá ter filhos que ainda não se tornaram independentes, fazendo faculdade e financiando seus entretenimentos às suas custas, ou seja, filhos "paitrocinados".

Além do aumento das despesas, há o problema da redução da receita, pois o valor pago pelo INSS aos aposentados costuma ser inferior ao salário que a pessoa possuía antes de se aposentar. Em 2018, o valor máximo do benefício foi reajustado para R$ 5.645,81. Portanto, fazer um plano de previdência privada é altamente recomendável para as pessoas que possuem uma remuneração cujo valor é superior ao teto da previdência oficial. Segundo Cherobim e Espejo (2010), não só nesses casos, pois, em geral, a previdência oficial paga menos do que se recebe quando se está trabalhando.

Esse tipo de plano é administrado por uma sociedade de previdência fechada ou aberta. Segundo Assaf Neto (2005), as sociedades de previdência fechada, mais conhecidas como fundos de pensão, são formadas geralmente dentro do ambiente das empresas, e seus planos de benefícios são custeados pelo empregador e funcionários. Por outro lado, as sociedades de previdência aberta podem atender a todas as pessoas que desejarem aderir a seus planos de benefícios. A Superintendência Nacional de Seguros Privados (Susep) é a instituição responsável por fiscalizar e regular essas operações.

Segundo Assaf Neto (2005, pág. 432), as sociedades de previdência privada costumam oferecer diversos planos de benefícios aos participantes. O plano mais conhecido é a arrecadação de parcelas mensais por certo período de anos, prevendo, ao final, pagamentos de benefícios aos participantes. As parcelas mensais que devem ser pagas são calculadas com base na expectativa futura de renda desejada pelo participante e na idade definida para começar a receber os benefícios.

Os benefícios podem ser contratados para serem pagos por toda a vida do participante (vitalício), por um período limitado de tempo ou de uma só vez. A preocupação básica de toda sociedade de previdência é a gestão de sua carteira de recursos, que deverá ser eficiente para cobrir o valor dos benefícios prometidos pelos planos de previdência (Assaf Neto, 2005).

Caso esteja pensando em fazer um plano de previdência privada, deve estar consciente de duas taxas (Quadro 4.14), que deverá pagar à sociedade de previdência: carregamento e administração. Tais taxas podem variar de uma empresa para outra, portanto, antes de contratar um plano, é imprescindível que sejam feitas cotações.

Quadro 4.14. Taxas a serem pagas nos planos de previdência privada

Taxa de carregamento	Visa cobrir as despesas que a sociedade de previdência terá na comercialização e prestação de serviços. Ela é cobrada sobre o valor de cada contribuição. Caso a taxa seja de 3%, para cada R$ 100,00 aplicados, somente R$ 97,00 serão efetivamente destinados ao fundo de previdência, pois R$ 3,00 irão para o caixa da sociedade de previdência
Taxa de administração	Visa remunerar o trabalho de gestão dos recursos aplicados. É cobrada anualmente sobre o patrimônio acumulado do fundo. Caso a pessoa tenha R$ 10.000,00 acumulados, esse valor será reduzido a R$ 9.800,00 se a taxa for de 2%

A grande vantagem de se fazer um plano de previdência privada é o benefício fiscal, pois os rendimentos obtidos pelo montante investido somente serão tributados no momento de seu saque. Como a previsão é que os saques somente serão feitos quando a pessoa se aposentar, 100% dos rendimentos obtidos, durante todo o período de contribuição, serão reaplicados mensalmente, ou seja, os valores brutos dos rendimentos serão sempre reinvestidos.

Logicamente, no final, isso gerará um montante de rendimentos maior do que outros tipos de investimentos financeiros, como fundos e CDBs, cuja cobrança de Imposto de Renda (IR) é feita periodicamente.

Existem, basicamente, dois tipos de planos oferecidos pelas sociedades de previdência privada, cuja principal distinção entre eles está na tributação. São eles:

- o Plano Gerador de Benefício Livre (PGBL);
- o Vida Gerador de Benefício Livre (VGBL).

No PGBL, segundo o site Terra (2014), a pessoa pode deduzir o valor das contribuições da sua base de cálculo do Imposto de Renda (IR), com limite de 12% da sua renda bruta anual. Assim, poderá reduzir o valor do imposto a pagar ou aumentar sua restituição de IR. Para exemplificar, suponha que um contribuinte tenha uma renda bruta anual de R$ 100 mil. Caso faça um PGBL de R$ 12 mil, poderá declarar ao Leão uma renda bruta anual de R$ 88 mil, pagando, consequentemente, menos IR. O IR sobre os R$ 12 mil restantes, aplicados em PGBL, só será pago no futuro, quando o dinheiro for resgatado.

Porém, o site Terra (2014) explica que esse benefício fiscal só é vantajoso para aqueles que fazem a declaração do Imposto de Renda pelo formulário completo e são tributados na fonte. Para quem faz declaração simplificada ou não é tributado na fonte, como os autônomos, o VGBL é melhor. Ele é indicado também para quem deseja diversificar seus investimentos ou para quem deseja aplicar mais de 12% de sua renda bruta em previdência.

Depois que a pessoa definiu o plano de previdência que melhor se adequa às suas necessidades, o último passo é definir o regime de tributação de Imposto de Renda que incidirá sobre os rendimentos que receberá. Existem dois regimes de tributação: regressivo e progressivo. Antes de optar, a pessoa deve conhecer as características de cada um deles. Caso queira conhecer as características dos regimes de tributação regressivo e progressivo, converse com o gerente de uma instituição financeira.

Investimentos via mercado de capitais

Indicamos diversas considerações sobre os investimentos que podem ser feitos via instituições financeiras. Além de tais opções, é importante destacar alguns conceitos básicos sobre o principal investimento que pode ser feito via mercado de capitais, a aquisição de ações de empresas de capital aberto. Antes de conhecer o que é o mercado de capitais, é importante relembrar o conceito de mercado financeiro, apresentado no item: *Conceito e características do mercado financeiro*, pois tais conceitos estão relacionados.

No Quadro 4.15 serão apresentadas definições simplificadas dos quatro mercados antes relacionados.

Mercado financeiro é o ambiente onde se compra e vende dinheiro e também outros tipos de papéis que podem ser facilmente convertidos em dinheiro nesse mesmo mercado (exemplo de papel: as ações). Didaticamente, segundo Assaf Neto (2005), o mercado financeiro pode ser subdividido em quatro outros tipos de mercado: monetário, de crédito, cambial e de capitais.

QUADRO 4.15. Definições das subdivisões do mercado financeiro

Mercado monetário	As instituições financeiras bancárias atuam como tomadoras, com o intuito de captar dinheiro das pessoas físicas ou jurídicas que estão com superávit de caixa, que nesse caso atuam como ofertadoras. Portanto, quando uma pessoa investe em um CDB está participando do mercado monetário como ofertadora e a instituição financeira bancária como tomadora
Mercado de crédito	As instituições financeiras bancárias atuam como ofertadoras, com o intuito de emprestar dinheiro às pessoas físicas ou jurídicas que estão com *deficit* de caixa, que nesse caso atuam como tomadoras. Portanto, quando uma pessoa faz um financiamento imobiliário, está participando do mercado de crédito como tomadora e a instituição financeira bancárias como ofertadora
Mercado cambial	Nesse mercado são negociadas moedas internacionais conversíveis em moeda nacional [Real (R$)]. Ele reúne todos os agentes econômicos que tenham motivos para comprar ou vender moeda estrangeira, como as empresas importadoras e exportadoras
Mercado de capitais	Neste mercado são negociados papéis chamados de valores mobiliários (exemplos: debêntures, commercial papers e ações). Ele é regulamentado e controlado pela Comissão de Valores Mobiliários (CVM)

Além de as pessoas jurídicas conseguirem levantar recursos financeiros no mercado de crédito junto às instituições financeiras, por meio de empréstimos, de acordo com Carneiro (2014), também podem obter recursos de investidores via mercado de capitais, desde que sejam constituídas juridicamente como Sociedades Anônimas (S/A). Quando o investidor, que pode ser pessoa física ou jurídica, direciona seus recursos financeiros às Sociedades Anônimas que procuram o mercado de capitais, pode assumir dois tipos de papéis diferentes:

- sócio: quando compra uma ação emitida por uma Sociedade Anônima de capital aberto. Nesse caso, a S/A passa a ter uma dívida com o investidor, mas não há prazo de vencimento e nem incidência de juros, pois, na verdade, ele se tornou sócio da empresa, com direito a receber dividendos caso ela obtenha lucro;

- credor: quando compra um título de crédito (debênture ou *comercial paper*) emitido por uma Sociedade Anônima de capital aberto ou de capital fechado. Nesse caso, a S/A passa a ter uma dívida com o investidor, com prazo de vencimento e incidência de juros.

Ações

O valor mobiliário mais conhecido é a ação, que pode ser definida como o título representativo da menor fração do capital social de uma empresa. Uma ação não tem prazo de resgate, sendo convertida em dinheiro a qualquer momento mediante negociação no mercado. Basicamente, existem dois tipos de ações:

- ordinárias (ON), que conferem ao seu titular o direito de voto na assembleia de acionistas. Cada ação dá direito a um voto;
- Preferenciais (PN), que oferecem preferência, em relação aos acionistas ordinários, no recebimento de dividendos ou no reembolso do capital em caso de liquidação da companhia.

As debêntures são títulos de renda fixa emitidos por empresas não financeiras, com capital aberto, que buscam obter recursos de médio e longo prazos para financiar as suas atividades ou quitar dívidas. Ou seja, é uma dívida que a empresa levanta com você investidor e em troca paga juros por isso. Assim como as debêntures, os commercial papers (também chamados de notas promissórias) são títulos de dívida emitidos por empresas, que podem, ou não, ser financeiras. Contudo, ao contrário das debêntures, têm um prazo mais curto de duração, e são indicados para investidores interessados em aplicações de curto prazo (INFOMONEY, 2014c).

Caso observe a parte de economia de um jornal, verá que as ações de uma empresa são sempre acompanhadas pelas siglas ON ou PN. Porém, também poderá observar que, além de tais siglas, existem algumas outras letras ou números, que identificam a classe da ação (Quadro 4.16). Segundo a legislação vigente, as ações podem ser emitidas em diferentes classes. As classes servem para discriminar alguma característica específica da ação. Isso significa que as ações PN ou ON de uma S/A podem possuir pequenas diferenças entre si. Para que se saiba quais são as diferenças entre as ações de uma mesma empresa, deve-se consultar seu estatuto social.

QUADRO 4.16. Códigos e tipos de ações de algumas empresas brasileiras

Empresa	Ação Código	Tipo
AMBEV	AMBV4	PN EDJ
CPFL ENERGIA	CPFE3	ON NM
EMBRAER	EMBR3	ON NM
NATURA	NATU3	ON NM
PETROBRAS	PETR3	ON
PETROBRAS	PETR4	PN
USIMINAS	USIM3	ON N1
USIMINAS	USIM5	PNA N1
VALE	VALE3	ON N1
VALE	VALE5	PNA N1

Ao adquirir uma ação, o investidor pode auferir dois principais tipos de ganhos: dividendos e valorização. Esses dois tipos de rendimentos, segundo Assaf Neto e Lima (2011), podem ser interpretados, respectivamente, pelos resultados distribuídos pela empresa emitente da ação e aqueles provenientes das variações de seus preços de mercado.

A valorização reflete a variação positiva ocorrida no preço de mercado da ação, sendo calculada pela diferença entre o valor de venda e o de compra. Vale ressaltar que esse tipo de ganho só será efetivamente apurado caso o investidor realize seu lucro, ou seja, venda sua ação por um preço maior do que comprou. Por outro lado, é importante ressaltar que poderá haver uma variação negativa no preço de mercado da ação, ou seja, o valor de venda será menor que o valor de compra. Nesse caso, se o investidor vender efetivamente a ação, pode-se dizer que obteve uma perda, ou seja, um prejuízo.

Quando uma pessoa se interessa em adquirir ações como forma de investimento, com certeza surgirá uma dúvida: "Devo optar por ações de qual empresa?"

Antes de tomar tal decisão, Assaf Neto e Lima (2011) lembram que todo investimento, inclusive em ações, deve ser avaliado a partir de três características básicas:

- retorno: considera a remuneração esperada do investimento, a qual, geralmente, é expressa por meio de taxas percentuais, obtidas pela relação entre os ganhos auferidos e o capital investido;
- risco: relaciona-se à possibilidade de algum insucesso financeiro (inadimplência, falência, etc.) da empresa emitente da ação ou pelo desempenho da conjuntura política-econômica e suas repercussões sobre o comportamento do mercado nacional e internacional;
- liquidez: está relacionada com a conversão da ação em dinheiro. Quanto mais rápida for a capacidade de uma ação converter-se em dinheiro, mais alta será sua liquidez.

Os dividendos são pagamentos em dinheiro aos titulares das ações, calculados com base nos lucros apurados pela empresa no exercício social. Não existe uma regra rígida quanto à periodicidade do pagamento dos dividendos, pois podem ser feitos mensalmente, trimestralmente, semestralmente, ou, ainda, anualmente. Portanto, é importante que o investidor consulte o estatuto social da empresa para se informar sobre a periodicidade do pagamento dos dividendos. A legislação societária atual estabelece que um mínimo de 25% do lucro líquido disponível seja distribuído a todos acionistas, de maneira proporcional à participação de cada um.

Levando-se em conta essas três características, Assaf Neto e Lima (2011) classificam as ações em três grandes grupos, de primeira, segunda e terceira linhas, conforme Quadro 4.17. Logicamente, caso a pessoa não tenha grande conhecimento com relação ao mercado de capitais, seria extremamente indicado que consultasse um especialista antes de optar pela ação de uma determinada empresa. Esse profissional é o corretor de valores (*vide* "Corretoras de valores").

Quadro 4.17. Grupos para classificação das ações

Ações de primeira linha	Costumam aliar liquidez e rentabilidade com um comportamento mais estável em suas cotações de mercado. São conhecidas no jargão das bolsas como *blue chips*. Nesse grupo são incluídas ações de empresas mais tradicionais, de excelente reputação e qualidade
Ações de segunda linha	Apresentam menor liquidez que as *blue chips* e representam empresas de médio e grande porte com bom desempenho. São entendidas como ações de boa qualidade.
Ações de terceira linha	São ações de mais baixa liquidez, geralmente, de empresas de pequeno e médio porte. Possuem, em geral, menor qualidade. Por outro lado, possuem um potencial de valorização maior.

Corretoras de valores

Caso a pessoa decida investir em ações, apesar dos riscos inerentes a esse tipo de investimento, o primeiro passo será abrir uma conta em uma corretora de valores. Porém, é importante destacar que os investimentos em ações também podem ser feitos por meio dos diversos tipos de fundos de investimento que são oferecidos pelas instituições financeiras bancárias (*vide* "Fundos de Investimento").

Segundo Carneiro (2014), um fundo de investimento em ações é a forma mais simples e prática de se investir em ações. Portanto, converse sobre isso com um gerente de uma instituição financeira.

As corretoras de valores são empresas cuja principal atividade é intermediar a compra e a venda de valores mobiliários para seus clientes. A negociação é feita pelos funcionários das corretoras, chamados de corretores de valores. Além disso, as corretoras também oferecem outros tipos de serviços aos seus clientes, como plantão de dúvidas e fornecimento de indicadores e relatórios sobre as empresas que negociam suas ações na bolsa de valores.

Ao abrir uma conta em uma corretora de valores, Assaf Neto e Lima (2011) lembram que o investidor deverá preencher um cadastro prévio, o qual deverá informar uma conta corrente bancária, que será utilizada para os pagamentos e recebimentos provenientes da compra ou venda das ações. Vale ressaltar que a imensa maioria das corporações do segmento financeiro possui uma corretora de valores, portanto, a pessoa pode procurar diretamente a instituição financeira com a qual se relaciona e solicitar ao gerente da sua conta corrente que o encaminhe a um corretor.

Toda vez que o investidor desejar comprar ou vender ações deverá entrar em contato com sua corretora de valores, que operacionalizará o negócio em seu nome junto à bolsa de valores. Caso ele queira ter mais agilidade nas negociações, poderá solicitar à sua corretora que instale em seu computador o sistema *home broker*. Desse modo, não precisará ligar para seu corretor toda vez que quiser fazer a compra ou venda de uma ação.

Home Broker é um sistema que visa à negociação de ações *online*, por meio da Internet. Esse sistema permite que o investidor compre ou venda ações em tempo real, acessando o site de sua corretora. Assaf Neto e Lima (2011) comentam que é importante registrar que os clientes dos sistemas home broker têm responsabilidade sobre o desempenho de seus investimentos, portanto, devem avaliar com cautela os negócios que irão concretizar.

Bolsa de valores e índices

Bolsa de valores

Bolsas de valores são associações civis cujo principal objetivo é manter um local em condições adequadas para a realização de operações de compra e venda de valores mobiliários. Além disso, segundo Assaf Neto e Lima (2011), as bolsas visam:

- propiciar liquidez às negociações por meio de pregões diários;
- controlar, orientar e fiscalizar os negócios de compra e venda de valores mobiliários;
- preservar os valores éticos nas negociações realizadas em seu âmbito;
- divulgar de maneira rápida e eficiente os resultados de todas as negociações realizadas.

A primeira bolsa de valores da história surgiu em 1487, na cidade de Bugres, Bélgica. Acredita-se que a palavra "bolsa" derive de Van der Burse, nome do proprietário do local onde se reuniam os comerciantes da época para a realização de negócios. Além disso, na fachada do local, existia um brasão com um escudo e três bolsas, simbolizando os méritos de Van der Burse por sua atuação na área mercantil.

O local onde são realizadas as transações de compra e venda de ações registradas em bolsas de valores é denominado pregão. Com o fim do pregão viva voz na BOVESPA, que ocorreu no dia 30 de setembro de 2005, todas as negociações passaram a ser feitas por meio de um pregão eletrônico, que, na verdade, é um sistema de computador.

Esse sistema, conhecido como Mega Bolsa, integra todas as corretoras e a B3 S/A – Brasil, Bolsa, Balcão. Atualmente, todas as negociações de compra e venda de ações são efetivadas automaticamente pelo Mega Bolsa. O sistema concilia o pedido de compra com o pedido de venda e fecha o negócio automaticamente.

Carneiro (2014) comenta que, caso você tenha oportunidade, vale a pena conhecer a sede da B3 S/A – Brasil, Bolsa, Balcão, que fica situada na cidade de São Paulo. No local onde era realizado o pregão viva voz para venda de ações, foi construído o "Espaço Raymundo Magliano Filho", onde há atrações como o Cinema 3D e a Mesa de Operações. Além disso, são oferecidas visitas monitoradas gratuitas a todas as pessoas interessadas em conhecer o funcionamento da bolsa de valores, tanto na teoria quanto na prática.

Índices

Normalmente, quando as pessoas assistem aos telejornais, ouvem a notícia de que a bolsa valorizou (subiu) ou desvalorizou (caiu). Essa informação é proveniente de um índice, que avalia se os valores das ações negociadas na bolsa, em média, tiveram um aumento ou uma redução em relação ao dia anterior.

Caso a bolsa tenha caído 2% em um determinado dia, não significa necessariamente que o investidor tenha perdido 2% em relação à ação que possui, pois o índice divulgado representa uma média de um determinado número de ações que foram negociadas. Atualmente, as variações de preços das ações negociadas na B3 S/A – Brasil, Bolsa, Balcão são avaliadas por diversos índices, porém, o mais tradicional e conhecido é o Ibovespa, calculado desde 1968. Dentre os outros índices, pode-se destacar o IbrX, o ISE e o IGC.

Para compor o Ibovespa, as ações devem representar mais de 80% do número de negócios e também do volume financeiro negociado na B3 S/A – Brasil, Bolsa, Balcão. Portanto, segundo Assaf Neto e Lima (2011), como as ações que fazem parte dessa carteira têm grande representatividade, pode-se dizer que o Ibovespa expressa o desempenho do mercado como um todo. Por meio da Figura 4.2, pode-se observar a variação do Ibovespa pelo período de mais de duas décadas.

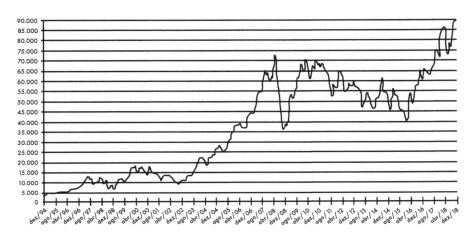

FIGURA 4.2. Evolução do Ibovespa em pontos de 1994 a 2018.
Adaptado de: http://www.bmfbovespa.com.br/pt_br/produtos/indices/indices-amplos/indice-ibovespa-ibovespa-estatisticas-historicas.htm

Caso queira saber quanto o Ibovespa variou em um determinado período de tempo, basta obter o número de pontos do índice nas duas datas. Pode-se afirmar que a variação do Ibovespa entre os dias 01/12/2006 e 03/12/2012 foi de 40,83%, pois os números de pontos do Ibovespa nesses dois dias, respectivamente, foram de 41.327 e 58.202.

Para se fazer tal cálculo, primeiramente, deve-se descobrir a diferença de pontos entre as duas datas, que é de 16.875 (58.202 – 41.327). Posteriormente, deve-se descobrir quanto tal diferença representa, em percentual, da quantidade de pontos da primeira data. A variação é de 40,83% [(16.875 x 100) ÷ 41327]. Tal cálculo deve ser elaborado por meio da famosa "regra de três".

Dicas para investir em ações

Uma premissa importante, indicada por 100% dos especialistas, é "não colocar todos os ovos na mesma cesta", ou seja, mesmo que a pessoa decida adquirir ações, não deve investir todo seu dinheiro nisso. Parte dos recursos deve ser destinado a investimentos que não tenham risco. Por outro lado, segundo Carneiro (2014), é muito interessante tentar obter rentabilidades mais altas por meio do mercado de capitais.

Antes de decidir investir em ações, a pessoa deve ter consciência que poderá perder dinheiro, ou seja, poderá resgatar um valor inferior ao que aplicou. Logicamente, isso não ocorrerá caso decida investir na Poupança. Portanto, antes de tomar tal decisão, é importante que busque mais informações sobre o funcionamento de tal mercado.

Depois de avaliar todos os prós e contras, caso a pessoa decida diversificar seus investimentos adquirindo ações, deve levar em conta algumas das dicas apresentadas por Assaf Neto e Lima (2011):

- ter cuidado com as euforias de mercado. Avalie atentamente a ação antes de tomar a decisão de comprar. Com a mesma velocidade que teve seus preços elevados, a ação pode desvalorizar-se;

- todo rendimento deve remunerar o risco assumido no investimento. Avalie sempre se suas possibilidades de ganhos são consistentes com o risco assumido;

- não se precipitar diante de boatos, tanto de subida como de queda de preços. Procure sempre manter seu otimismo ou pessimismo sob controle, ou seja, seu equilíbrio emocional;

- não investir em ações utilizando, exclusivamente, sua intuição. As chances de ganhos costumam ser menores. Inclua sempre uma avaliação técnica em suas decisões financeiras e peça ajuda financeira a um especialista sempre que necessário;

- não basear sua decisão de compra analisando somente indicadores financeiros (rentabilidade, liquidez, endividamento, etc.), pois o bom desempenho de uma empresa no passado não garante, necessariamente, o mesmo resultado no futuro.

POSFÁCIO

Apesar das dificuldades que você poderá enfrentar para colocar em prática os conceitos apresentados neste livro, acredito que o resultado compensará seu esforço.

Nunca se esqueça que uma vida financeira organizada irá ajudá-lo a conquistar algo muito importante na vida: paz de espírito. Desejo a você muita dedicação e perseverança na busca desse objetivo.

Também é importante lembrar que, mesmo que ainda não esteja consciente disso, seu grande objetivo como universitário é ter acesso a uma determinada ciência, para que possa estar apto a exercer uma profissão e, desse modo, construir uma carreira profissional de sucesso. É muito importante que se torne um profissional capacitado e ético para que, além de gerir com eficácia sua vida financeira, possa contribuir efetivamente para o desenvolvimento do nosso país.

Caso tenha interesse em saber mais sobre orçamento pessoal, sugiro que faça o curso, de minha autoria, disponível no **Mettáfora Cursos Livres**.

Faça a leitura do QR Code e acesse a página para o curso: *Orçamento Pessoal*, no Mettáfora Cursos Livres.

BIBLIOGRAFIA CONSULTADA

- ABOUT.COM. 11 Ways Budgeting Can Improve Your Life. 2014. Disponível em: <http://financialplan.about.com/od/budgetingyourmoney/a/11-Ways-Budgeting-Can-Improve-Your-Life.htm>. Acesso em 6 de setembro de 2017.

- ACADEMIA DO TEMPO. Quem somos. 2014. <http://www.academiadotempo.com.br/quem_somos>. Acesso em 6 de setembro de 2017.

- AFONSO, Celso. Orçamento Familiar. 2014. Disponível em: <http://www.macro4.com.br/noticias/43-orcamento-familiar>. Acesso em 21 de setembro de 2017.

- ASSAF NETO, Alexandre. Finanças corporativas e valor. São Paulo: Atlas, 2003.

- ASSAF NETO, Alexandre. Mercado Financeiro. 6ª ed. São Paulo: Atlas, 2005.

- ASSAF NETO Alexandre; LIMA, Fabiano Guasti. Investimento em ações: guia teórico e prático para investidores. 2ª ed. São Paulo: Atlas, 2011.

- ASSOCIAÇÃO BRASILEIRA DE QUALIDADE DE VIDA - ABQV. 2014. Disponível em: <http://www.abqv.org.br/conexao.php?id=102>. Acesso em 10 de setembro de 2017.

- BALLE, Louise. The Disadvantages of Having a Personal Budget. 2012. Disponível em: <http://www.ehow.com/list_7434806_disadvantages-having-personal-budget.html>. Acesso em 6 de setembro de 2017.

- BRITO, Osias Santana de. Mercado Financeiro. São Paulo: Saraiva, 2005.

- CARNEIRO, Murilo; PIMENTA JÚNIOR, Tabajara. Eficácia dos fundos de investimento em ações Ibovespa Ativo: uma pesquisa exploratória com bancos comerciais. Revista Montagem, nº 9. Ribeirão Preto: Centro Universitário Moura Lacerda, 2007.

- CARNEIRO, Murilo; MATIAS, Alberto Borges. Orçamento Empresarial: teoria, prática e novas técnicas. São Paulo: Atlas, 2010.
- CARNEIRO, Murilo. Administração de Organizações: teoria e lições práticas. São Paulo: Atlas, 2012.
- CARNEIRO, Murilo. Parceiros do décimo terceiro. 2014a. Disponível em: <http://www.revide.com.br/blog/murilo/post/parceiros-do-decimo-terceiro/>. Acesso em 7 de outubro de 2017.
- CARNEIRO, Murilo. Poupança: porque mudou e como ficou. 2014b. Disponível em: <http://www.revide.com.br/blog/murilo/post/poupanca-porque-mudou-e-como-ficou/>. Acesso em 9 de outubro de 2017.
- CARNEIRO, Murilo. Orçamento Familiar: felicidade e dinheiro podem ser da mesma família. Ribeirão Preto: IELD, 2014.
- CHEROBIM, Ana Paula Mussi Szabo, ESPEJO, Márcia Maria dos Santos Bortolocci (Organizadoras). Finanças Pessoais. São Paulo: Atlas, 2010.
- CHRISTY, Fran. O que é planejamento estratégico pessoal? 2014. Disponível em: <http://www.sonhosestrategicos.com.br/planejamento-pessoal/o-que-e-planejamento-estrategico-pessoal>. Acesso em 13 de outubro de 2017.
- CENTRO DE INTEGRAÇÃO EMPRESA-ESCOLA (CIEE). Institucional. 2014. Disponível em: <http://www.ciee.org.br/portal/institucional/index.asp>. Acesso em 13 de outubro de 2017.
- CLUBE DO DINHEIRO. Conhecendo o seu perfil de investidor. 2009. Disponível em: <http://www.clube-do-dinheiro.com/2009/01/23/conhecendo-o-seu-perfil-de-investidor/>. Acesso em 9 de outubro de 2017.
- FREZATTI, Fábio. Orçamento Empresarial: planejamento e controle gerencial. 4º ed. São Paulo: Atlas, 2007.
- GITMAN, Lawrence J. Princípios de administração financeira – essencial. 2ª ed. Porto Alegre: Bookman, 2001.
- GUIA DA CARREIRA. Como Ganhar a Bolsa Permanência do PROUNI. 2014. Disponível em: <http://www.guiadacarreira.com.br/artigos/educacao/bolsa-permanencia-prouni/>. Acesso em 13 de outubro de 2017.
- HOJI, Masakazu. Administração Financeira na Prática: guia para educação financeira corporativa e gestão financeira pessoal. São Paulo: Atlas, 2007.
- INFOMONEY. Dicas para lidar melhor com os bancos. 2014a. Disponível em: <http://www.infomoney.com.br/minhas-financas/credito/noticia/2619643/veja-cinco-dicas-para-lidar-melhor-com-bancos>. Acesso em 10 de setembro de 2017.

- INFOMONEY. Refinanciamento: um empréstimo com juros baixos. 2014b. Disponível em: <http://www.infomoney.com.br/refinanciamento>. Acesso em 10 de outubro de 2017.

- INFOMONEY. Entendendo as principais aplicações de Renda Fixa. 2014c. Disponível em: <http://www.infomoney.com.br/imoveis/noticia/368198/entendendo-principais-aplicacoes-renda-fixa#Anchor-0002>. Acesso em 12 de outubro de 2017.

- LUNKES, João Rogério. Manual de Orçamento. 2ª ed. São Paulo: Atlas, 2009.

- MARKS, Will. Marketing de rede: o guia definitivo do MLM (Multi-level Marketing). São Paulo: Makron Books, 1995.

- MARTINS, Danylo. Problemas com o banco? Dica n. 1: não procure o gerente; veja onde reclamar. 2018. Disponível em: <https://economia.uol.com.br/financas-pessoais/noticias/redacao/2018/01/12/bancos-problemas-reclamacao-sac-ouvidoria-procon-bc.htm>. Acesso em 18 de maio de 2018.

- ODEPREV. Educação Financeira e Previdenciária. 2014. Disponível em: <https://www.odebrechtprevidencia.org.br/educa%C3%A7%C3%A3o-financeira-e-previdenci%C3%A1ria.aspx>. Acesso em 10 de setembro de 2017.

- OZ – ORGANIZE. Orçamento doméstico: dicas de economia. 2010. Disponível em: <http://www.organizesuavida.com.br/portal2010/materias/ver/224/orcamento-domestico-dicas-para-economizar>. Acesso em 19 de setembro de 2017.

- ORGANIZZE. Conheça as vantagens das contas digitais. 2018. Disponível em: <https://financaspessoais.organizze.com.br/conheca-as-vantagens-das-contas-digitais/>. Acesso em 10 de abril de 2018.

- PIRES, Valdemir. Sistema Integrado de Controle do Orçamento e das Políticas Públicas: discussão teórica e uma proposta. Setembro 2005. Disponível em: <http://brazilianparticipatorybudgeting.files.wordpress.com/2013/03/stn2005final.pdf> Acesso em 30 de setembro de 2017.

- PROCON. Orçamento Doméstico. Governo do Estado de São Paulo. 2014a. Disponível em: <http://www.procon.sp.gov.br/pdf/ACS_orienta_orcamento_domestico.pdf>. Acesso em 10 de setembro de 2017.

- PROCON. Vantagens e Cuidados ao se adquirir empréstimo ou financiamento. 2014b. Prefeitura Municipal de Uberaba. Disponível em: <http://www.uberaba.mg.gov.br/portal/conteudo,148>. Acesso em 9 de outubro de 2017.

- RIGOTTO, Germano. Um alerta para o endividamento familiar. 2014. Disponível em: <http://www.jornalbomdia.com.br/colunistas/um-alerta-para-o-endividamento-familiar>. Acesso em 30 de setembro de 2017.

- RUDGE, Luiz Fernando, CAVALCANTE, Francisco. Mercado de Capitais. Belo Horizonte: CNBV, 1993.

- SABER POUPAR. Como poupar dinheiro quando se é universitário. 2014. Disponível em: <http://saberpoupar.com/artigos/como-poupar-dinheiro-quando-se-universitario>. Acesso em 13 de outubro de 2017.

- SANCHOTENE, Diná. Dez formas de ganhar dinheiro na faculdade. 2014. Disponível em: <http://gazetaonline.globo.com/_conteudo/2014/01/noticias/dinheiro/1475397-dez-formas-de-ganhar-dinheiro-na-faculdade.html>. Acesso em 13 de outubro de 2017.

- SANT'ANNA, Mariana. Saiba como organizar seu orçamento familiar. 2014. Disponível em: <http://www.unimedguaratingueta.com.br/download/controladoria/Saiba%20como%20organizar%20seu%20or%E7amento%20familiar.pdf>. Acesso em 21 de setembro de 2017.

- SANTANA, Andressa Martins. Planejamento estratégico pessoal e sua importância na atualidade. 2012. Disponível em: <http://andressapiresmartinssantana.blogspot.com.br/2012/03/planejamento-estrategico-pessoal-e-sua.html>. Acesso em 21 de setembro de 2017.

- SANTOS, José Odálio dos. Análise de Crédito: empresas e pessoas físicas. 2ª ed. São Paulo: Atlas, 2003.

- SANVICENTE, Antônio Zoratto; SANTOS, Celso da Costa. Orçamento na Administração de Empresas: planejamento e controle. 2ª ed. São Paulo: Atlas, 1983.

- SEABRA, Alexandre Alves de. Escolaridade, salários e empregabilidade: implicações no mercado de empregos do Rio de Janeiro. Dissertação de Mestrado. Fundação Getúlio Vargas. Disponível em: <http://bibliotecadigital.fgv.br/dspace/bitstream/handle/10438/3832/Alexandre-Alves-de-Seabra.pdf?sequence=1>. Acesso em 10 de setembro de 2017.

- SILVA, Celso. Cuidado com as pirâmides financeiras. 2012. Disponível em: <http://celsohl.com/2012/09/03/cuidado-com-as-piramides-financeiras/>. Acesso em 18 de setembro de 2017.

- SILVA NETO, Lauro de Araújo. Guia de Investimentos. São Paulo: Atlas, 2003.

- SOUZA, João Batista Loredo de; MEINEM, Enio. Cooperativismo de Crédito: Gestão Eficaz. Brasília: Editora Confebras, 2010.

- TERRA. Previdência Privada. 2014. Disponível em: <http://invertia.terra.com.br/previdencia/interna/0,,OI194733-EI1806,00.html>. Acesso em 4 de outubro de 2017.

- UNIVERSIA. 5 maneiras rápidas de conseguir dinheiro na faculdade. 2014a. Disponível em: <http://noticias.universia.com.br/vida-universitaria/noticia/2013/07/26/1039072/5-maneiras-rapidas-conseguir-dinheiro-na-faculdade.html>. Acesso em 13 de outubro de 2017.

- UNIVERSIA. Estudantes: duas maneiras fáceis de ganhar dinheiro. 2014b. Disponível em: <http://noticias.universia.com.br/destaque/noticia/2012/03/02/915135/estudantes-duas-maneiras-faceis-ganhar-dinheiro.html>. Acesso em 13 de outubro de 2017.

- VIEGAS, Alexandre da Silva; PINTO, José do Carmo; PENHA, Pedro Xavier da. Gestão de Orçamento Familiar. 2007. Disponível em: <http://www.unisinos.br/abcustos/_pdf/ABC-2007-03.pdf>. Acesso em 13 de dezembro de 2017.

CONHEÇA OS SELOS EDITORIAIS DA

Conteúdo Original

Seleção de autores e conteúdos nacionais de excelência nas áreas científicas, técnicas e profissionais.

Conteúdo Internacional

Tradução de livros de editoras estrangeiras renomadas, cujos títulos são indicados pelas principais instituições de ensino do mundo.

Sou Editor

Projetos especiais em que o autor é o investidor de seu projeto editorial. A definição do percentual de investimento é definida após a análise dos originais de seus livros, podendo ser parcial ou integral.

 Veja a playlist **Gestão Financeira** no Canal do Editor.